ANALYSEN UND REFLEXIONEN
Band 70

Peter Pfützner

Friedrich Dürrenmatt

Der Verdacht
Die Panne

Interpretationen und Materialien

Joachim Beyer Verlag – Hollfeld

3. Auflage 2003

ISBN 3-88805-048-0

Druck: FINIDR s. r. o., Český Těšín

Inhalt

Vorwort

Dürrenmatts bevorzugter Gegenstand heißt Dürrenmatt. Schier unermüdlich reflektiert er das eigene Bühnenwerk, sein Schaffen für die Bühne überhaupt. Verfremdend tritt er gelegentlich sich selbst gegenüber als Interviewpartner, Narziss oder Claqueur.

Ähnlicher Techniken sich bedienend, wie sie Hitchcock im Film praktizierte, sichert sich Dürrenmatt hier und da szenische Präsenz im eigenen Werk, satirisch überhöht oder auch chiffrenhaft aufgelöst – als „Schriftsteller" im ersten Bärlach-Roman, als „Fortschig" im zweiten, als Person der Rahmenhandlung im „Versprechen", und wie Spycher

sieht „durch alle vier Greise zusammen repräsentiert und leicht ironisiert" [1] in der „Panne".

Auffallend bei alledem: Selbstkommentare zur erzählenden Prosa bleiben vergleichsweise spärlich, gerade als wären sie minder wichtig und keinesfalls das Eigentliche, zu Bekennende. Man weiß aber, dass eine solche willkürliche Grenzlinie schon deshalb sachfremd wäre, weil sie von mancher Werkbiographie ganz und gar nicht getragen würde. So ist der Stoff zum „Besuch der alten Dame" ursprünglich als die Erzählung „Mondfinsternis" angelegt gewesen mit einem männlichen Helden im Zentrum. Aus der pädagogisch gemeinten Filmerzählung „Es geschah am hellichten Tag" und dem gleichnamigen Drehbuch wächst der gänzlich nichtpädagogische Kriminalroman „Das Versprechen".

Die „Panne" endlich ist nacheinander im selben Jahr (Knopf) Novelle und Hörspiel, später auch Theaterstück oder (Spycher) möglicherweise zuerst Hörspiel und dann Erzählung.

Dürrenmatt, befragt, warum „Grieche sucht Griechin" als Roman und nicht als Bühnenstück entstanden sei, bekennt sich zum Erholungseffekt des Genrewechsels. Er befindet sich damit in der besten Gesellschaft. Auch Thomas Mann gedachte einst eine „rasch zu erledigende Improvisation und Einschaltung" in die Arbeit am „Betrügerroman" (Felix Krull, d. Verf.) vorzunehmen, beseelt von dem „Wunsch auszuruhen." [2]

---

1) Peter Spycher, Friedrich Dürrenmatt. Das erzählerische Werk, S. 253
2) Peter Pfützner, Thomas Mann, Tonio Kröger. Der Tod in Venedig, S. 43

Heraus kam die berühmte Meisternovelle „Der Tod in Venedig."

So wenig der Novellist Thomas Mann dem Romancier auszukommen vermochte, so wenig vermag man den Erzähler Dürrenmatt vom Bühnenautor zu separieren.

Dies sei unser Ansatz für die Beschäftigung mit dem zweiten Bärlach-Roman „Der Verdacht" und der erfolgreichen „noch möglichen Geschichte", die genreübergreifend bei ihrem Ursprungstitel bleibt „Die Panne".

1. Biographisches in Stichworten

5. Januar 1921 Friedrich D. als erstes Kind seiner Eltern in Konolfingen, Kanton Bern, geboren; Vater: Reinhold D., ev. Pfarrer; Mutter: Hulda Dürrenmatt-Zimmermann; Zur Familie gehört die nach zwölfjähriger Kinderlosigkeit der Eheleute an Kindes Statt angenommene ältere Adoptivschwester; drei Jahre später wird noch eine leibliche Schwester geboren; in K. besucht Friedrich D. die Primarschule.

1933 – 1935 Besuch der Sekundarschule in der benachbarten Bauerngemeinde Großhöchstetten.

1935 Übersiedlung der Familie in die Kantonshauptstadt Bern, wo Reinhold D. nach vierundzwanzigjähriger Amtsausübung in Konolfingen im Salemspital und dem Diakonissinnenheim Seelsorger wird; hier zweieinhalb Jahre Besuch der Abteilung A des Freien Gymnasiums; danach wegen teilweise ungenügender Noten und heftiger persönlicher Konflikte mit Angehörigen des Lehrkörpers ein gern vollzogener Schulwechsel an das Berner Humboldtianum

1941 – 1945 Nach erfolgreich absolvierter Maturitätsprüfung Studium ohne klar erkennbares Ziel; Friedrich D. hört Germanistik, Philosophie und Naturwissenschaften – zunächst ein Semester in Zürich, danach in Bern; Beschäftigung mit Kierkegaard, Aristophanes, Trakl, Heym; erste schriftstellerische Versuche; Studienabbruch, ohne ein Examen erreicht zu haben

2. Oktober 1943 Fertigstellung des Theaterstücks „Komödie“, das ungedruckt bleibt, sowie zweier Erzählungen

1945 Im Berner „Bund“ erscheint die Kriegserzählung „Der Alte“, ferner entstehen kleinere Produktionen in verschiedenen Fassungen sowie Zeichnungen und Gemälde

ab Winter 1946 Aufenthalt in Basel; Heirat mit der aus Ins stammenden Schauspielerin Lotti Geißler

1948	Umzug nach Ligerz am Bielersee; Tätigkeit als freier Schriftsteller; neben gesundheitlichen Besorgnissen um eine festgestellte Diabetes mellitus wirken vor allem materielle Sorgen belastend; Dürrenmatt schreibt Theaterkritiken für die „Weltwoche", zwei Kriminalromane für den „Beobachter" und Sketchs für das Zürcher „ Cabaret Cornichon"; letztere kreisen bereits auch um das Thema der Atombombe
	Erster Kriminalroman „ Der Richter und sein Henker" ,geschrieben in Fortsetzungen für die Zeitschrift „ Der Schweizerische Beobachter"
	Zweiter Kriminalroman „ Der Verdacht"
1952	Übersiedlung nach Neuchâtel in ein eigenes Haus, das hoch über dem See liegt, mit Ehefrau Lotti und den Kindern Peter, Barbara und Ruth; die Einkommensverhältnisse haben sich mit der Uraufführung von „Die Ehe des Herrn Mississippi" entscheidend verbessert; erste theoretische Standortbestimmungen zur Problematik der Komödie („Anmerkung zur Komödie")
1955	Essay „Theaterprobleme"; die Komödie wird darin als einzig angemessene Möglichkeit gesehen, die Gegenwart theatralisch abzubilden („Uns kommt nur noch die Komödie bei") [3]
1956	Hörspielpreis der Kriegsblinden für „Die Panne"
1958	Hörspielpreis „Prix d'Italia" für „Abendstunde im Spätherbst"
1959	Reise nach New York; Verleihung des Schiller-Preises in Mannheim; im Festvortrag setzt sich Dürrenmatt abgrenzend mit Brecht auseinander
1960	Reise nach London
1961	Reise nach Berlin
1964	Reise in die Sowjetunion, wohin Dürrenmatt aus Anlaß des 150. Todestages des ukrainischen Nati-

3) Theater-Schriften und Reden, S. 122

onaldichters Schewchenko eingeladen worden ist; in diesen Jahren ständig parallele Produktionen als Schriftsteller, Maler und Zeichner

1968 Dürrenmatt verficht vor Mainzer Studenten im „Monstervortrag über Gerechtigkeit und Recht" die Trennung von Kunst und Politik; er tritt ein in die Direktion des Baseler Stadttheaters als Partner des Regisseurs Werner Düggelin

1969 Dürrenmatt erkrankt im April schwer; er beendet seine Zusammenarbeit mit Düggelin nach Querelen um eine Bearbeitung von Lessings „Minna von Barnhelm" und um die Besetzungsliste einer vorgesehenen „Mississippi"-Aufführung; im Oktober wird ihm im Berner Stadttheater der „Große Literaturpreis des Kantons Bern" verliehen; in seiner Rede „Für eine neue Kulturpolitik" verwahrt sich der Dichter gegen den Versuch der Preisverleiher, ihn als Konformisten zu vereinnahmen und gibt den 15000-Franken-Preis weiter an drei Intellektuelle seiner Wahl; im gleichen Jahr erhält er die Ehrendoktorwürde (Doctor of Literature) der Temple Universität Philadelphia USA

Aufnahme der Tätigkeit als Mitherausgeber des Zürcher „Sonntags-Journal" (vormals „Zürcher Woche")

1970 Dürrenmatt verlässt wie Max Frisch und zwanzig weitere Autoren den Schweizer Schriftsteller-Verein wegen grundsätzlicher Differenzen um Geist und Sprache des „Zivilverteidigungsbuches" von 1969, das Vereinspräsident Maurice Zermatten „in einer französischen Fassung noch mehr ideologisiert hat" [4)]

1971 Dürrenmatt beendet seine Tätigkeit als Mitherausgeber des Zürcher „Sonntags-Journal"

1972 Inszenierung von Büchners „Woyzeck" in Zürich

---

4) Jan Knopf, Friedrich Dürrenmatt, S. 135

1973	Uraufführungs-Misserfolg der Komödie „Der Mitmacher" in Zürich unter der Regie von Andrzej Wajda , einem berühmten polnischen Regisseur („Asche und Diamant"); noch vor der Premiere hatte sich dieser von seiner eigenen Inszenierung distanziert, weil sie immer wieder durch Dürrenmatts aktiv veränderndes Eingreifen beeinflusst worden war; Dürrenmatt gilt der Kritik hinfort als ein Dramatiker, der seine große Zeit hinter sich hat."[5]
1974	Israel trägt Dürrenmatt eine Ehrenprofessur an; der Dichter hält einen Vortrag über den Staat der Juden, den er in der Folge zu einem umfangreichen Essay erweitert
1975	„Zusammenhänge. Essay über Israel. Eine Konzeption" entsteht (Erscheinungsjahr: 1976)
1976	Verfilmung von „Der Richter und sein Henker"; Regie führt Maximilian Schell, in den Hauptrollen: Martin Ritt, Jon Voight , Jaqueline Bisset
1977	Verleihung der Buber-Rosenzweig-Medaille des deutschen Koordina- tionsrates der Gesellschaft für christlich-jüdische Zusammenarbeit in der Paulskirche Frankfurt a.M.
	Komödie um den Tod des spanischen Diktators Franco „Die Frist;" in der historischen Konkretheit des dramatischen Gegenstandes offenbart sich ein bemerkenswert neuer Akzent
1979	Großer Literaturpreis der Stadt Bern
	Uraufführung „Die Panne" in Wilhelmsbad/ Hanau unter der Regie von Friedrich Dürrenmatt
1980	Werkausgabe in 30 Bänden bei Diogenes Verlag Zürich (1980-1986): das dramatische Werk in 17, das Prosawerk in 12 Einzelbänden
1981	5. Januar: 60. Geburtstag; Ehrendoktorwürde der Universität Neuchätel; im April ein „Internationales Dürrenmatt-Symposium" in Los Angeles

5) vgl. Jan Knopf, a.a.O., S. 142

1982	Arbeit an der Komödie „Achterloo“
1983	16. Januar: Tod der Ehefrau Lotti; Reisen nach Griechenland und Südamerika, Ehrendoktorwürde der Universität Zürich, Österreichischer Staatspreis für Europäische Literatur
1984	Carl-Zuckmayer-Medaille des Landes Rheinland-Pfalz; 8. Mai: Heirat mit der Filmemacherin, Schauspielerin und Journalistin Charlotte Kerr Erstaufführung der „Panne“ in Paris
1985	Bayerischer Literaturpreis; Reise nach Ägypten
1986	Premio Letterario Internationale Mondello für den Roman „Justiz“; Reise nach Sizilien zur Entgegennahme dieses Preises; Georg-Büchner-Preis der Deutschen Akademie für Sprache und Dichtung; Ehrenpreis des Schiller-Gedächtnispreises 1986 des Landes Baden-Württemberg
1987	Teilnahme an einem Friedensforum in Moskau, bei dem auch Max Frisch anwesend ist; eine Interview-Äußerung spricht von der Arbeit an einem „schier endlosen Prosawerk“ das sich „hauptsächlich mit philosophischen Fragen“ beschäftigt[6]
1988	Dürrenmatt inszeniert „Achterloo IV“ im Rahmen der Schwetzinger Festspiele als seinen „Abschied von der Bühne“ (Verbundsendung der 3. TV-Programme am 14.01 .89); in der Uraufführung spielen u.a. Kurt Blech, Helmut Lohner, Charlotte Kerr
1989	Dürrenmatt äußert sich in einem Interview: „Ich finde es ist falsch, den Tod zu tabuisieren. Man soll zu sterben lernen, damit man klug werde. Die Flucht vor dem Tod führt dazu, dass er plötzlich ein furchtbares Gespenst wird.“)[7] Juni: Friedrich Dürrenmatt schenkt seinen literarischen Nachlass der Schweiz
1990	Friedrich Dürrenmatt stirbt am 14.12. durch Herzversagen

---

6) Neues Deutschland, 21./22. März 1987
7) Die Welt, Interview Teil III, 17. Februar 1989

2. Ausgewählte Angaben zur Bibliographie

1943	„Komödie" (Komödie)
1945	Der Alte (Erzählung)
1947	Es steht geschrieben (Tragikomödie über die Wiedertäufer; Neufassung 1967)
1948	Der Blinde (Drama, gedruckt 1960)
1949	Romulus der Große (Komödie, überarbeitet 1958); Pilatus (Erzählung)
1950	Der Richter und sein Henker (Kriminalroman, 1957 Hörspiel); Der Nihilist (Erzählung)
1951	Der Verdacht (Kriminalroman); Der Prozeß um des Esels Schatten (Hörspiel)
1952	Die Ehe des Herrn Mississippi (Komödie, Neufassung 1957)
	Anmerkung zur Komödie; Nächtliches Gespräch mit einem verachteten Menschen (Einakter); Stranitzki und der Nationalheld (Hörspiel, Drama 1959); Die Stadt ; Prosa I – IV (Sammelband)
1953	Ein Engel kommt nach Babylon (Komödie, Neufassung 1957)
1954	Herkules und der Stall des Augias (Hörspiel, Uraufführung als einaktige Komödie 1963)
1955	Grieche sucht Griechin (Prosa-Komödie); Theaterprobleme (Essay)
	Das Unternehmen der Wega (Hörspiel, gedruckt 1958, erweitert 1969)
1956	Der Besuch der alten Dame („Eine tragische Komödie in drei Akten") Die Panne (Hörspiel und Erzählung); Der Beruf des Schriftstellers (Essay); Vom Sinn der Dichtung in unserer Zeit (Essay)
1957	Abendstunde im Spätherbst (Hörspiel, auch TV-Spiel, gedruckt 1959) Herr Korbes empfängt (Hörspiel) Drehbuch zum TV-Film „Der Richter und sein Henker"

1958	Es geschah am hellichten Tag (Filmdrehbuch); Das Versprechen, Ein Requiem auf einen Kriminalroman (Romanfassung des Filmstoffes)
1959	Frank der Fünfte. Oper einer Privatbank (Musik von Paul Burkhard) Friedrich Schiller (Rede, gedruckt 1960); Amerikanisches und europäisches Drama (Essay)
1960	Der Doppelgänger (Hörspiel)
1961	Die Ehe des Herrn Mississippi (Filmdrehbuch)
1962	Die Physiker (Komödie)
1963	Die Heimat im Plakat; Ein Buch für Schweizer Kinder; Herkules und der Stall des Augias (Neufassung als Festspiel); Die Hochzeit der Helvetia mit dem Merkur (Text zur szenischen Kantate für das Kabarett)
1964	Frank der Fünfte. Oper einer Privatbank (Neufassung); Der Tunnel (Erzählung)
1966	Der Meteor (Komödie); Theater-Schriften und Reden
1967	Die Wiedertäufer (Neufassung von ‚Es steht geschrieben‘)
1968	Monstervortrag über Gerechtigkeit und Recht (vor Studenten in Mainz) König Johann (nach Shakespeare)
1969	„Play Strindberg“ (Drama nach Strindbergs ‚Totentanz‘); Monstervortrag über Gerechtigkeit und Recht nebst einem helvetischen Zwischenspiel Eine kleine Dramaturgie der Politik (Drucklegung der Rede von 1968)
1970	Porträt eines Planeten (Komödie); Urfaust (Bearbeitung des Goethe'schen Werkes); Sätze aus Amerika (Schriften);
	Titus Andronicus (Bearbeitung des Shakespear'schen Werkes)
1971	Der Sturz (Erzählung)

1973	Der Mitmacher (Komödie)
1975	Nachwort zum ‚Mitmacher' (Schrift); Stoffe. Zur Geschichte meiner Schriftstellerei
1976	Zusammenhänge. Essay über Israel. Eine Konzeption
1977	Die Frist (Komödie)
1978	Bilder und Zeichnungen
1980	Die Frist (Neufassung)
1981	Stoffe I – III. Der Winterkrieg in Tibet – Mondfinsternis – Der Rebell (Autobiographisches)
1983	Achterloo (Komödie)
1984	Minotaurus. Eine Ballade (Die Zeichnungen zum Text entstehen bis Februar 1985) Achterloo (Neufassung)
1985	Justiz (Roman)
1986	Der Auftrag oder Vom Beobachten des Beobachters der Beobachter. Novelle in 24 Sätzen
	Rollenspiele (Charlotte Kerr:Protokoll einer fiktiven Inszenierung. Friedrich Dürrenmatt: Assoziationen mit einem dicken Filzstift. Zwischenwort. Achterloo III – ein Rollenspiel)
1988	Versuche
	Achterloo IV
1989	Durcheinandertal (Roman)
1990	Turmbaustoffe IV - IX
1992	Gedankenfuge (Essays) - Aus dem Nachlass

Die angegebenen Jahreszahlen beziehen sich auf die Uraufführung bzw. die Erstveröffentlichung der Dürrenmatt'schen Werke.

„Kunst da zu tun, wo sie niemand vermutet“

– Kriminalstories bei Dürrenmatt –

Beginnend mit Nummer 10 vom 6. März 1989 bot der „Spiegel“ seinen Lesern einen neuen Service: „Von jetzt an steht regelmäßig jeden Monat eine Doppelseite für Besprechungen literarischer Novitäten zur Verfügung – der BÜCHER-SPIEGEL, erstmals in diesem Heft, Seite 260“ [8] wird „Büchermachern und Bücherlesern“ programmatisch versprochen.

Sei es nun Zufall oder Zeitsymptom – jedenfalls befanden sich unter den fünf Erstbesprechungen zwei kriminologisch eingefärbte Romane: „Schattenspiele“ von Patricia Modiano und „Damenrevolver“ von Rosamond Smith.

Die Beliebtheit von spannend Entspanndendem sorgte offenbar für hinreichende Durchsetzungkraft.

Der Streit, ob Kriminalerzählungen überhaupt zur „Literatur“ im Karrieresinn gehören, ist längst müßig geworden. Seine immer wieder bemühten Positionsbelege sind sattsam bekannt von Schillers „Verbrecher aus verlorener Ehre“ auf der einen bis zu der millionenfachen Heftchenexistenz des „Jerry Cotton“ („deutsch: Jeremias Baumwolle“ – Ingeborg Zaunitzer-Haase in der ZEIT) auf der anderen Seite.

Dazwischen liegt ein weites Feld, das emsig bestellt wird. Der eine sieht seine Früchte mit Skepsis reifen, andere verzehren sie mit wachsendem Appetit. Angesichts einer wahren „Produktionsflut“ [9]) haben es monographische Versuche schwer, die unübersehbare Menge und Internationalität des Kriminalromans kategorisierend zu bewältigen.

Die Sperrigkeit der Materie zeigt sich nicht zuletzt in Gestalt einer Vielzahl von charakterisierenden Anglizismen, deren her-

---

8) Der Spiegel, Nr. 10/89, S. 3

9) Die Zeit, 15. Oktober1971, Ingeborg Zaunitzer-Haase, “Blut und Leichen zu kleinen Preisen”: Der kalkulationsbedingte Zwang zur Aufrechterhaltung des Quantitätsstandards (...) zwingt jedoch zu gelegentlichen Zugeständnissen beim Qualitätsstandard. Wenn die erste Autorengarnitur nicht ausreichend Material produziert, muß hier und da die zweite Garnitur in die Bresche springen. S. 29

vorstechendstes Merkmal mangelnde Eindeutigkeit ist, benachbart von einigen lateinischen 'Mischbildungen' die dies mit Erfolg nachahmen: „Begriffe wie Thriller, Shocker, Crime Novel, Locked-Room-Mystery, Gothic und Suspense Story und was nicht alles, locker zu ergänzen durch einen verwirrenden Wortschatz solcher Begriffe wie Detective-, Police-, Action-, Psycho- ,Historic- und neuerdings den albernsten von allen, den Sozio-Krimi allerdeutschester Prägung . . ."[10] heißt es dazu in einer vom Hause Ullstein vorgelegten Bibliographie der deutschsprachigen Kriminalliteratur.

Als ein weiteres Hemmnis begegnet dem Ordnenden das begriffliche Nebeneinander vom „Kriminalroman" und „Detektivroman", welches einhergeht mit gewissen Unschärfen der Begriffsbestimmung: „Der im deutschen Sprachraum bestehende Mangel einer Definition des Begriffes Kriminalroman liegt wahrscheinlich daran, dass die beiden Hauptbausteine dieses Sujets, nämlich „mystery" und „suspense" nicht übersetzbar sind . . ." und ihre Substanz folglich „mit subjektiven Maßstäben des Autors zu messen"[11] bleibt, schreibt Walkhoff-Jordan im einleitenden Teil, der von ihm herausgegebenen Ullstein-Bibliographie.

Von daher werden jene Stoßseufzer einsichtig, die aus dem schulpädagogischen Raum zu uns dringen: „Die Poetik des Kriminalromans beginnt mit dem Problem seiner Definiton". [12] Als Grundlage zur Selbstverständigung zitieren wir auszugsweise die Stichwortinterpretationen zu „Detektivroman" und „Kriminalroman" aus aktueller deutschsprachiger Quelle: [13]

---

10) Klaus-Dieter Walkhoff-Jordan, Bibliographie der Kriminalliteratur 1945-1984 im deutschen Sprachraum; S. 11

11) a.a.O.,S.14

12) zitiert nach: Gerd Eversberg/Reiner Poppe (Hrsg.), Friedrich Dürrenmatt. Der Richter und sein Henker. – Reihe 'BAUSTEINE'. Unterrichtssequenzen für den Literaturunterricht auf der Sekundarstufe 1 und II, S. 73 – Es sei in diesem Zusammenhang aufmerksam gemacht auf zwei schmale Veröffentlichungen, die vertieftem Interesse erschwinglich und ergiebig Rechnung tragen: Robert Hippe, Kriminalliteratur, Reihe 'Dichtung inTheorie und Praxis', Hollfeld 1980, Verlag C. Bange/Theorie des Knminalromans. Für die Sekundarstufe herausgegeben von Eckhard Finckh. UB 9512, Reihe 'Arbeitstexte für den Unterricht', Stuttgart 1988, Verlag Philipp Reclam Jun.

13) Claus Träger (Hrsg.), Wörterbuch der Literaturwissenschaft, Biblioggraphisches Institut Leipzig 1986–S. 101 f. bzw. S. 277f.

DETEKTIVROMAN (-geschichte) [engl . detective: (privater oder berufl.) Ermittler, im Amerikanischen auch Kriminalpolizist; zu engl. to detect: aufdecken]:

eigenständige Variante des Kriminalromans, entstanden und verbreitet vor allem in Großbritannien und den USA. Die Struktur des D. ist analytisch, d.h. vom Ende her konzipiert, das im Rückblick als notwendiges Ergebnis einer in der Exposition bereits angelegten Kausalkette erscheint, die, durch kunstvoll eingeführte Zufälle und retardierende Momente, zunächst verdeckt mit fortschreitendem Abbau dieser Elemente dem Leser zusehends deutlich wird. – Die Entstehung des D. ist an entwickelte und differenzierte bürgerl. Verhältnisse gebunden, unter denen, das menschl. Handeln einer tendenziellen Anonymisierung unterworfen ist, die Identität des einzelnen schwer bestimmbar erscheint. Der so vorhandene potentielle Freiraum für das – oft im Schutz äußerlich zur Schau getragener Wohlanständigkeit verübte – (zunächst) unentdeckte Verbrechen bildet eine Erfahrung, die wiederum Misstrauen überhaupt bewirkt, so dass alle am Spiel Beteiligten im D. vorab verdächtig sein können. Im Mittelpunkt des D. steht der Detektiv , der mit einer die andern überragenden Logik und Intuition zufällige und notwendige Motive in den Vorgängen sondiert, zum Hauptmotiv wie damit zum mögl. Täter vordringt und den Widerspruch zwischen Sein und Schein – darin Vorbild für den Leser – auflöst. – Begründer des D. war E.A. Poe mit „The Murders in the Rue Morgue" (1841), der in der Gestalt Dupins und seines Gehilfen zugleich die klass. Figurenkonstellation, den scharfsinnigen Detektiv und den (dem Leser analogen) vergleichsweise begriffsstutzigen Assistenten geschaffen hat. C. Doyle (The Adventures of Sherlock Holmes, 1891) vervollkommnete mit Holmes und Watson diese Technik, die in der massenhaften Nachahmung bald zur schematisch angewandten Formel erstarrte. In der Nachfolge der frühen Meister wie E. Gaboriau (LAffaire Lerouge, 1866) oder W. Collins (The Moonstone, 1869, Der Mondstein), ließen Spannung und psychologisch ausgefeilte Erzähltechnik den D. zu einer der beliebtesten Medien liter. Unterhaltung werden, der zugleich die wiederkehrende Figur des Detektivs einen spezif. Reiz verleiht: Hercule Poirot bei Agatha Christie, Philip Marlowe bei R. Chandler, Pater Brown bei G.K. Chesterton, Inspektor Maigret bei G. Simenon, Perry Mason bei E.S. Gardner; E. Wallace verzichtete auf eine solche zentrale Gestalt. D. Hammet und Chandler repräsentieren seit den 20er und 30er Jahren die sog. harte Schule des D., die nach dem zweiten Weltkrieg in Verherrlichung von Selbstjustiz, Gewalt und Sadismus ausuferte ....

(a.a.O., S. 101 f.).

KRIMINALROMAN (-erzählung, -novelle) [lat. crimen, engl. crime: Verbrechen]: unterhaltungswirksame, auf Spannung orientierte Form erzählender Literatur, worin die Durchführung und/oder Aufdeckung eines Verbrechens in Verbindung mit dessen sozialen und psychologischen Hintergründen dargestellt wird; als eine besondere, eigenständige Variante davon entwickelte sich der Detektivroman. Urspr. war K. eine vornehmlich themat. Bezeichnung. Vorläufer im weiteren Sinne finden sich im Abenteuer- und Schelmenroman' auch in der Novelle und der Robinsonade; sie vermittelten seit den ersten Anfängen der bürgerlichen Emanzipationsbewegung über einen sich die Welt erwandernden „Helden" unerhörte Begebenheiten, darunter auch Verbrechen. Damit stehen vor allem auch frühe realist. engl. Romane wie D. Defoes „Moll Flanders" (1722, dt. Glück und Unglück der berühmten Moll Flanders) und H. Fieldings „The Life of Jonathan Wild the Great" (1743, dt. Geschichte Jonathan Wilds) oder in Deutschland Schillers „Der Verbrecher aus verlorener Ehre" (1786) und „Der Geisterseher" (1789) am Beginn einer künstlerisch bedeutenden Kriminalliteratur. Als Quellen dienten oft Sammlungen von Kriminalfällen wie die „Causes célebres et intéressantes" des franz. Juristen F.G. de Pitaval (20 Bde., 1734) und die spätere Fortsetzung in J.E. Hitzigs und W. Harigs „Neuem Pitaval" (37 Bde., 1842/65 und 1866/90). – Im Prozess der Konstituierung der bürgerl. Gesellschaft in Deutschland nahmen im 19. Jh. etwa Kleist (Michael Kohlhaas, 1810), E.T.A. Hoffmann (Das Fräulein von Scudéry, 1819), Annette von Droste-Hülshoff (Die Judenbuche, 1842), Th. Fontane (Unterm Birnbaum, 1842) Verbrechen

> oder Rechtsverletzungen zur Grundlage sowohl der psycholog. Charakterdarstellung wie der krit. Gesellschaftsanalyse; in Russland schrieb F.M. Dostojevskij „Prestublenie i nakazanie“ (Schuld und Sühne,1866). In solchen Werken fungierte der schuldverstrickte Held weitgehend als potentielles Identifizierungsmuster im Sinne der Katharsis, so dass der K. dieser Provenienz bis in die Gegenwart bedeutende künstlerische Ausprägungen erfahren konnte: in der dt. sprachigen Literatur z.B. durch Ricarda Huch (Der Fall Deruga, 1917), J. Wassermann (Der Fall Maurizius, 1928), A. Döblin (Berlin Alexanderplatz, 1929), F. Dürrenmatt (Der Verdacht, 1953) oder L. Frank (Deutsche Novelle, 1954), in der USA bei D. Hammet (The Maltese Falcon, 1930, Der Malteser Falke) und R. Chandler (The Big Sleep , 1939, Der tiefe Schlaf) ... Mit dem Ziel unterhaltsamer Entspannung durch Spannung geschrieben, bietet der K. neben angenehmem Gruseln ebenso Flucht- und Ersatzerlebnisse .... (a.a.O., S. 277 f.)

Seriöse Traditionen, Verfasser von Rang und Namen, wachsende Beliebtheit und konzediertes literarisches Niveau hindern Befangene nicht daran, hochgezüchtete Vorbehalte gegen Detektiv- und Kriminalromane sorgsam zu hegen.

Es ficht nicht an, dass Thomas Mann Dostojewskis „Schuld und Sühne“ einen der größten Kriminal-Romane nannte, dass Bertolt Brecht, ein aufrichtiger Bewunderer des „guten“ Kriminalromans, sich von dessen Grundschema an die Arbeitsweise von Physikern erinnert fühlte, dass George Simenon in André Gide elnen wahren Verehrer fand und Agatha Christie höchste Ehrungen widerfuhren.

Die genrebedingt enge Nachbarschaft zu Kitsch und Schund wird – Pars pro toto – für die Sache selbst genommen. Vorurteile erweisen sich als zählebig. So konstatiert Friedhelm Werremeier: „Die Kriminalliteratur, insbesondere die deutsche, stellt für viele Kritiker und die große Mehrheit der Literaturprofessoren allenfalls ein lästiges Pflichtprogramm dar, das man – leider – nicht ganz und gar übergehen kann und deshalb mit häufig erschreckender Lieblosigkeit absolviert. Dabei werden die Interessen eines riesigen, gewiss nicht pauschal ignoranten Publikums oft rücksichtslos in die Ecke gestellt ..“ [14]

Dass Dürrenmatt sehr früh auch Kriminalromane geschrieben hat und dies obendrein in eingestandenermaßen pekuniärer Absicht, wird – im Einklang mit der vorstehend artikulierten Sehweise aus den 80er Jahren – gelegentlich als Schritt vom Wege betrachtet , etwa so als würde Anne-Sophie Mutter schockierenderweise auch im Schrammelquartett geigen.

Es mag dazu beigetragen haben, Dürrenmatts Bild als „Posenreißer“ (Reich-Ranicki) ein paar unauslöschliche Striche beizufügen: „Friedrich Dürrenmatt . . . ist längst ein erfolgreicher, ja ein weltberühmter Schriftsteller, dem man auch hierzulande oft applaudiert. Dennoch wird er bei uns, wenn man von einigen seiner treuen Apologeten absieht, in der Regel mit einer so eigentümlichen wie unverkennbaren Reserve behandelt.

Man lacht über seine Witze und freut sich über seine Bonmots. Man findet sich mit seinen Grobheiten ab und ist sogar bereit, ihm seine Kriminalromane zu verzeihen. (Unsere Hervorhebung.) Aber man duldet und man lobt ihn, ohne ihm recht zu trauen. Er wird mehr angestaunt als geachtet. Er wird eher bewundert als voll anerkannt. Er wird gern gefeiert, doch nicht ganz ernst genommen. (...) man billigt ihm eher Phantasie als Geist zu, eher Schlagfertigkeit als Tiefe, eher Esprit als Weisheit“ [15] charakterisiert Marcel Reich-Ranicki des Schweizers Image und trifft damit den Nagel auf den Kopf.

Als Geldquelle – genau im Sinne jener ursprünglich – urnotwendigen Eingangsfunktion – haben die Bärlach-Romane ihren Schöpfer jedenfalls nicht enttäuscht. [16]

---

14) Bibliografie der Kriminalliteratur, Vorwort S. 12

15) Marcel Reich-Ranicki, Deutsche Literatur in Ost und West (Neuausgabe), S. 171 f.

16) Heinnch Goertz nennt für die Buchausgabe des ersten Bärlach-Romans 1987 (a.a.O., S. 34) „weit über eine Million Exemplare", die verkauft worden seien; Jan Knopf nennt für 1974 folgende Zahlen: Taschenbuchauflagen „Der Verdacht" im 595. Tausend, „Der Richter und sein Henker" im 1245. Tausend (a.s.O., S. 48); Reiner Poppe, Bausteine, S. 5: hatte (Der Richter und sein Henker) bereits 1980 die Zweimillionen-Auflagengrenze weit überschritten (als Taschenbuch)

Dürrenmatt hat sie nicht verleugnet: „Ich musste sehr viel schreiben, weil ich Geld verdienen musste, um mich und meine Familie durchzubringen: „Kriminalromane, Hörspiele. Ich habe es nie bereut“ [17] erklärt er im Sommer 1961 seinem Gesprächspartner Bienek.

Am 19. September 1949 war als zweites Kind die Tochter Barbara zur Welt gekommen. Bei der Schwiegermutter konnte man nun nicht mehr wohnen bleiben. So zog man um in ein gemietetes Haus oberhalb von Ligerz am Bieler See. Eben erst hatten Frau Lotti und der zuckerkranke Dürrenmatt sich verausgabt für die Bezahlung ihrer beider Spitalaufenthalte, die kurz nacheinander erforderlich gewesen waren, und nun diese neuen Kosten! Da nimmt es nicht wunder, wenn das Angebot der Wochenzeitschrift „Der Schweizerische Beobachter“ einen Fortsetzungsroman zu schreiben, dem jungen Familienvater wie der rettende Strohhalm vorkam. Er griff mit beiden Händen zu, wenngleich die ‚Theaterprobleme‘ im Entstehen waren und die ersten beiden Akte von ‚Die Ehe des Herrn Mississippi‘ aufs Papier drängten.

Wie verzweifelt die Finanzlage der Familie war, mag man daran ersehen, dass Frau Lotti nur eine Erklärung für den plötzlichen Besitz von mehreren hundert Franken – den Verlagsvorschuss – einfiel: Fritz musste sie gestohlen haben. In acht Fortsetzungen erscheint ‚Der Richter und sein Henker‘ zwischen dem 15. Dezember 1950 und dem 31. März 1951.

Polizeileutnant Schmied, ein junger Mann aus wohlsituierter Familie, gebildet, sympathisch, eine sichere Karriere vor sich, wird erschossen aufgefunden. Der Täter ist sein Kollege Tschanz, das Tatmotiv Neid. Kommissär Bärlach, Schmieds Vorgesetzter, durchschaut die Zusammenhänge. Er lässt sich Tschanz zuteilen mit dem Auftrag, den Mörder zu finden, wohl wissend, Tschanz werde verzweifelt nach einem Ausweg suchen müssen, um nicht entlarvt zu werden.

Hier ist die Schnittstelle zu einer zweiten Ebene der Handlung. Seit vierzig Jahren steht Bärlach permanent in der Auseinandersetzung mit einem Verbrecher aus Überzeugung, der die

17) Horst Bienek, Werkstattgespräche mit Schriftstellern, S. 108

Nichtachtung der Gesetze zum Lebensprinzip erhoben hat.

Eine leichtfertige Wette nach gemeinsam durchzechter Nacht in der Türkei steht am Anfang.

Bärlach ist davon überzeugt, Verbrechen sei Dummheit, weil der Zufall, der in alles hineinspielt, unberechenbar bleibt.

Sein Widerpart hält dagegen, gerade die Unberechenbarkeit menschlicher Beziehungen mache Verbrechen erst möglich, die nicht nur ungeahndet, sondern auch ungeahnt, also dem öffentlichen Bewusstsein verborgen blieben. Als Probe aufs Exempel begeht er kurz darauf vor Bärlachs Augen einen Mord ,der trotz heftigen Bemühens ihm nicht angelastet werden kann .

Nun, nach vierzig Jahren, die Bärlach stets im Hintertreffen gesehen haben, ist sein

Herausforderer unter dem Namen Gastmann in die Schweiz zurückgekehrt und führt das saturierte Leben eines international tätigen Geschäftsmannes. Gerade vermittelt er Waffengeschäfte zwischen Industriellen aus der Schweiz und sowjetischen Interessenten und scheint den Nachstellungen Bärlachs endgültig entzogen, zumal dieser todkrank an der Schwelle zur Pensionierung steht.

Nur mehr drei Tage bleiben Bärlach bis zu einem unaufschiebbaren Eingriff im Hospital. Sie genügen jedoch, um Gastmann zur Strecke zu bringen.

Bärlach, der selbsternannte Richter, bedient sich des Mörders Tschanz als Henker, indem er diesen in eine Konfrontation mit Gastmann treibt. Gastmann stirbt für ein Verbrechen, das er nicht begangen hat und büßt damit für seine Taten, die nicht zu beweisen waren.

Der Sieg der Gerechtigkeit vollzieht sich auf Kosten des Gesetzes. Dass auch Tschanz zum Schluss sein Leben verliert – durch Unfall oder Selbsttötung – bleibt für die ‚Moral' des Romans ohne jegliche Bedeutung.

Bei Heinrich Goertz finden wir folgende Wertung: „Die wohlkomponierte Handlung scheint zu beweisen, dass der Autor nach einem Plan gearbeitet, dass er dieses Erzählwerk vom Endeffekt her aufgebaut, dann erst Fortsetzung für Fortsetzung geschrieben hat. [18] Dürrenmatt, war der Plan erst einmal gemacht, muss Freude an der Ausarbeitung gehabt haben. Stellenweise übertreibt er derart stark, dass der Leser nicht mehr weiß: Ist das noch ernst gemeint? Natürlich nicht. Während er einen Krimi schreibt, parodiert er dieses Genre zugleich, und einige Personen sind ihm zu belustigenden Karikaturen geraten. Die Handlung spielt in Bern und in der Landschaft westlich des Bieler Sees, wo Dürrenmatt wohnt. Er tritt denn auch selbst auf, in seinem Arbeitszimmer in Ligerz , jedoch nur schattenhaft, er hockt im Gegenlicht einer winzigen Fensternische, wenn Bärlach und Tschanz ihn verhören. (...) Man kann das Buch als Satire lesen. Dürrenmatt verspottet mit Lust und Liebe – nun, man kann sagen, die ganze Schweiz, die Spießer, Künstler, Polizisten, Politiker und Gangster.“ [19]

Von September 1951 bis zum Februar 1952 erscheint, wiederum im ‚Schweizerischen Beobachter‘ Dürrenmatts zweiter Bärlach-Roman ‚Der Verdacht‘. Die Kritik geht teilweise wenig liebenswürdig mit ihm um. „Unbeholfen“ (Bänziger) wird er genannt, zu wenig „von der Selbstkontrolle gezähmt“ (Brock -Sulzer), von einem „Absurditätenkabinett“ (Kästler) ist die Rede, die „gewaltsam konstruierte“ Handlung (Goertz) wird registriert und der „weniger bildhafte“ Ausdruck (Spycher) des Schweizerischen, nicht zu vergessen die „Schauereinlagen“ (Knopf) a la Edgar Wallace.

Andererseits gelten „Marloks und Emmenbergers Dialoge mit Bärlach (...) [als] zu den Höhepunkten des Dürrenmatt`schen Gesamtwerks“ [20] zählende Texte.

---

18) Dürrenmatt selbst hat hier für einige Unsicherheit gesorgt, wie aus einem Bericht Elisabeth Brock-Sulzers deutlich wird; vgl. dazu ihr Buch 'Friedrich Dürrenmatt:
Stationen seines Werkes‘, S. 233: "Er war damals auch Theaterkritiker an der 'Welt-woche‘. Wenn ich ihn bei einer Premiere sah und fragte, wie es denn nun weitergehe mit seinem Kommissär Bärlach, behauptete er lachend, erwisse es selber nicht, der Text müsse ja erst in einigen Tagen abgeliefert werden."

19) Heinrich Goertz, Dürrenmatt, S. 34 f. – Der satirische Aspekt verliert sich fast völlig im "Verdacht"; an seine Stelle tritt gleichsam eine im Grunde sehr 'undürrenmattsche‘ historische Konkretheit mit der Erörterung des Hitler-Stalin-Paktes und Hinweisen auf tatsächlich existent gewesene Konzentrationslager wie Stutthof.

20) ebenda, S. 37

Letzteres fügt sich zu einer Sentenz des Autors in der zeitkongruent entstandenen Komödientheorie „Theaterprobleme“:

„Die Forderungen, welche die Ästhetik an den Künstler stellt, steigern sich von Tag zu Tag, alles ist nur noch auf das Vollkommene aus, die Perfektion wird von ihm verlangt, die man in die Klassiker hineininterpretiert – ein vermeintlicher Rückschritt, und schon lässt man ihn fallen. So wird ein Klima erzeugt, in welchem sich nur noch Literatur studieren, aber nicht mehr machen lässt. Wie besteht der Künstler in einer Welt der Bildung, der Alphabeten? Eine Frage, die mich bedrückt, auf die ich noch keine Antwort weiß. **Vielleicht am besten, in dem er Kriminalromane schreibt, Kunst da tut, wo sie niemand vermutet.** (Unsere Hervorhebung.) Die Literatur muss so leicht werden, dass sie auf der Waage der heutigen Literaturkritik nichts mehr wiegt: Nur so wird sie wieder gewichtig.“ [21)]

‚Die Panne‘ erscheint nach der Hörspielfassung 1956 auch als Erzählung. Nichts Strafbares geschieht, dennoch wird ein ‚Mord‘ aufgeklärt und der Tod des Täters setzt die Pointe. Jan Knopf konstatiert, das Schema der Detektivgeschichte gelte hier nicht: „... es liegt kein Fall vor, es wird ein Fall geschaffen.“[22]) Mittlerweile ist Dürrenmatt ein berühmter Mann geworden. Hat der erste Bärlach-Roman den literarischen Erfolg gleichsam eingeläutet, ist er mit dem „Besuch der alten Dame“ – Uraufführung im Schauspielhaus Zürich am 29. Januar 1956 – zu Weltrang aufgestiegen. „Merkwürdig, dass Dürrenmatt selbst das Stück nicht schätzt. Ihm ist der Welterfolg eher ein Beweis dafür, dass das Stück schlecht und flach ist. Seine Lieblingsstücke sind die erfolglosen ‚Romulus‘, ‚Frank V.‘ und ‚Mitmacher‘.“ [23)]

Hier geht es ihm, wie weiland Shakespeare, der nur seine Sonette gelten lassen wollte, nicht aber jene Dramen, die zum bleibenden Besitz der Menschheitskultur geworden sind.

---

21) GW 7/S. 68f. – Es sei hierzu angemerkt, daß in dem Hörspiel „Abendstunde im Spätherbst“ (1956) als Held der Schriftsteller Maximilian Friedrich Korbes agiert, der für seine 21 Kriminalromane mit dem Nobelpreis ausgezeichnet worden ist. Allerdings hat er alle beschriebenen Morde selber begehen müssen, um sie überhaupt beschreiben zu können.

22) Jan Knopf, Friedrich Dürrenmatt, S. 59

23) Heinrich Goertz, Dürrenmatt, S.76

Zusammen mit jenen Aufträgen, die zugewachsene Popularität beschert, kommt die Bestellung des Züricher Filmproduzenten Lazar Wechsler ins Haus für eine Filmerzählung zum Problem sexueller Verbrechen an Kindern. Eine filmkünstlerische Warnung an die Öffentlichkeit soll entstehen. In jenem Frühjahr 1957 registriert man mit Sorge das Anwachsen derartiger Delikte. Das Drehbuch schreibt der Regisseur des Films Ladislav Vajda, unterstützt von Dürrenmatt, an dessen Treatment sich „Es geschah am hellichten Tage“ mit Heinz Rühmann, Gert Fröbe und Michel Simon eng hält. Der Dichter erklärt sich ausdrücklich mit dem Ergebnis der filmischen Umsetzung einverstanden. Dennoch kommt es zu einer Neubearbeitung auch dieses Stoffes. 1958 erscheint der Roman ‚Das Versprechen: Requiem auf den Kriminalroman‘. Im Nachwort heißt es: „.... dass der Roman einen anderen Weg (als der Film) gegangen ist, stellt

keine Kritik an der hervorragenden Arbeit des Regisseurs dar. Der Grund liegt allein darin, dass ich mich nach der Fertigstellung des Drehbuches noch einmal an die Arbeit machte. Ich griff die Fabel aufs neue auf und dachte sie weiter, jenseits des Pädagogischen. Aus einem bestimmten Fall wurde der Fall des Detektivs, eine Kritik an einer der typischsten Gestalten des neunzehnten Jahrhunderts ...“ [24)]

Kriminaloberleutnant Dr. jur. Matthäi, eben im Begriff einen attraktiven Beraterposten in Jordanien zu übernehmen, wird zu einer Kindesleiche in einem Waldstück nahe Zürich gerufen. Der Hausierer von Gunten hat sie gefunden. Die Bewohner des nahen Dorfes verdächtigen den einschlägig Vorbestraften, selbst der Sexualtäter gewesen zu sein. Fast kommt es zur Lynchjustiz. Matthäi verhindert das mit knapper Not. Von Gunten wird trotz seiner Unschuld inhaftiert. Unter dem psychischen Druck quälender Dauerverhöre legt er schließlich ein falsches Geständnis ab und wird wenig später erhängt aufgefunden.

Matthäi hat den Eltern der getöteten Gritli bei seiner Seligkeit versprochen, den Mörder zu finden. Er glaubt nicht an von Guntens Schuld. Gepeinigt von der Vorstellung, der Unbekannte könnte wieder zuschlagen, reist er nicht nach Jordanien ab. Er scheidet aus dem Polizeidienst aus und forscht auf eigene Faust weiter.

---

24) Friedrich Dürrenmatt, Das Versprechen. S. 122

An der Straße Zürich-Chur übernimmt er eine Tankstelle. Ins Haus holt er sich als Wirtschafterin eine alleinstehende Frau, deren Tochter Annemarie dem toten Gritli ähnlich sieht. Die Falle ist gestellt. Matthäis Ermittlungen haben ergeben, dass der Unhold einen großen, schwarzen Wagen mit Graubündner Kennzeichen fährt. Wer von Graubünden nach Zürich will, muss an der Tankstelle vorbei.

Eines Tages deuten sichere Anzeichen darauf hin, dass der Mörder tatsächlich kommen wird.

In diesem Ansatz gleichen sich Film und Roman.

Was jedoch im Film geschieht – der Mörder, unvergessen in dieser Rolle Gerd Fröbe, wird von Matthäi gestellt – bleibt im Roman aus. Mätthäi wartet weiter, wider alle Vernunft. Er wird darüber zum Trinker. Erst nach Jahren stellt sich heraus, warum er umsonst als Spinne im Netz gelauert hat.

Auf dem Weg, der ihn in Matthäis Falle führen würde, war der Mörder tödlich verunfallt. Ein absurder Zufall hatte die Regie übernommen, so den Untertitel ‚Requiem auf den Kriminalroman'[25] rechtfertigend. Als Erzähler fungiert im Roman eine Gestalt der Rahmenhandlung: Dr. H., ehemaliger Kommandant der Kantonspolizei Zürich. Er nimmt den Autor im Auto mit, just auf jener Straße von Chur nach Zürich und dessen soeben gehörten Vortrag über das Schreiben von Kriminalromanen zum Anlass, als Polizei-Profi den Schreiberlingen einmal gehörig die Meinung zu sagen: „Ihr baut eure Handlungen logisch auf; wie bei einem Schachspiel geht es zu, .. . es genügt, dass der Detektiv die Regeln kennt und die Partie wiederholt, und schon hat er den Verbrecher gestellt, der Gerechtigkeit zum Siege verholfen. Diese Fiktion macht mich wütend ... in euren Romanen spielt der Zufall keine Rolle, und wenn etwas nach Zufall aussieht, ist es gleich Schicksal und Fügung gewesen; die Wahrheit wird seit jeher von Euch Schriftstellern den dramaturgischen Regeln zum Fraß hingeworfen. Schickt diese Regeln endlich zum Teufel. Ein Geschehen kann schon allein deshalb nicht wie eine Rechnung aufgehen, weil wir nie alle notwendigen Faktoren kennen, sondern nur einige wenige, meistens recht nebensächliche. Auch

25) nach dem Anfang der Liturgie „Requiem aeternam dona eis" – lat.: schenke ihnen die ewige Ruhe

spielt das Zufällige, Unberechenbare, Inkommensurable eine zu große Rolle.Unsere Gesetze fußen nur auf Wahrscheinlichkeit, auf Statistik, nicht auf Kausalität, treffen nur im Allgemeinen zu, nicht im Besonderen. Der Einzelne steht außerhalb der Berechnung ... ihr stellt eine Welt auf, die zu bewältigen ist. Diese Welt mag vollkommen sein, möglich, aber sie ist eine Lüge. Lasst die Vollkommenheit fahren, wollt ihr weiterkommen, zu den Dingen, zu der Wirklichkeit, wie es sich für Männer schickt, sonst bleibt ihr sitzen, mit nutzlosen Stilübungen beschäftigt." [26)]

Kein Zweifel! Hier agitiert Dürrenmatt gleichermaßen Leser und Zunftgenossen. Es handelt sich um die imperative Ausprägung seiner in den ,Theaterproblemen' geäußerten Überlegung, man müsse Kunst dort tun, wo sie nicht vermutet wird: im Kriminalroman.

Der positivistische Glaube an die wissenschaftliche Deduktion wird zurückgenommen, er verfällt intelektuellem Skeptizismus. Das Modell wird widerrufen. Der Sieg des Zufalls über die Logik verlangt nach der Parodie – warum sollte sie nicht Requiem heißen?

Wie zur Bekräftigung lässt Dürrenmatt seinen Dr. H. zur Hinstimmung auf die Erzählpointe Kernsätze in die Rede flechten, welche nach Form und Diktion an die bekannten „21 Punkte zu den Physikern" erinnern:

„Nichts ist grausamer als ein Genie, das über etwas Idiotisches stolpert. – Das Schlimmste trifft a u c h manchmal zu. – Unser Verstand erhellt die Welt nur notdürftig. – In der Zwielichtzone seiner Grenze siedelt sich alles Paradoxe an."[27)]

Gleichsam im Dunstkreis solchen Querdenkens vollzieht sich kurz nach dem Erfolg des „Besuchs der alten Dame" der hinfort volle Scheuern verspricht' schon 1957 der Zeugungsakt des nächsten Dürrenmatt-Kriminalromans „Justiz" . Bis zur editorischen Geburt freilich vergeht mehr als ein Vierteljahrhundert. Erst im Zusammenhang mit der Herausgabe des Gesamtwerkes zu Beginn der achtziger Jahre kommt das seinerzeit unvollendet gebliebene Manuskript wieder in den Blick. In drei Abschnitte gegliedert, deren letzter erst vor der Veröffentlichung 1985 ent-

---

26) Friedrich Dürrenamtt, Das Versprechen, S. 10 f.
27) ebenda, S. 107 f.

steht, arbeitet der Roman mit der Fiktion, es handle sich um die dem Autor zugeschickte Beichte eines dem Alkohol verfallenen Rechtsanwalts namens Spät. Dieser ist durch einen sonderbaren Fall, der sich dem bis dahin Erfolglosen zunächst als Glücksfall darstellen will, in eine existentielle Krise geraten: Im März 1955 betritt der überaus reiche, prominente Wirtschaftsmanager und Ehrendoktor Kohler das Nobelrestaurant ‚Du Théâtre' wo er als gern gesehener Gast bestens bekannt ist, und erschießt vor aller Augen den dort tafelnden Germanisten Professor Winter. Zu zwanzig Jahren Zuchthaus verurteilt, erweist sich der ehemalige Kantonsrat als ein ungewöhnlicher Gefangener, da er sich offenbar glücklich preist, einsitzen zu dürfen. Sein Tatmotiv bleibt unerklärt, weil es vor Gericht unanbringbar wäre. Aus dem Zuchthaus heraus lässt Kohler die gesellschaftlichen Auswirkungen der Mordtat soziologisch von einem erstrangigen Fachprominenten gegen Honorar abklären.

Zusätzlich beauftragt er den jungen Anwalt Spät, den ganzen Vorgang unter der Prämisse neu zu untersuchen, er, Kohler, sei nicht der Mörder. Spät wird auf die Analyse jener Möglichkeiten gelenkt, „die hinter der Wirklichkeit stehen" [28], also auf ein Spiel mit Denkmodellen.

Er erkennt das Tatmotiv Kohlers: „Er experimentierte mit einem Verbrechen, der Mord wurde ein bloße Methode ... er hatte getötet, um zu beobachten, gemordet, um die Gesetze zu untersuchen, die der menschlichen Gesellschaft zugrunde liegen." [29]

Im zweiten Kapitel mutet Dürrenmatt dem Leser allerhand zu an personaler Staffage, Verwirrungen und überraschenden Effekten, so dass es nicht leicht fällt, den Überblick zu behalten, bis Kohler seinem Willen gemäß Revision und schließlicher Freispruch beschieden sind. Die intelektuelle Frucht solcher Mühen: die gesicherte Erkenntnis, dass Gerechtigkeit und Gesetz durchaus feindliche Brüder sein können.

Der letzte Abschnitt firmiert als „Nachwort des Herausgebers" [30], womit auf Späts schriftliche Beichte angespielt ist. In München lernt Dürrenmatt auf einer Prominenten-Party den fast hundert-

28) GW 4/S.629
29) GW 4/S. 653
30) GW 4/S. 769

jährigen Kohler persönlich kennen. Ohne es zu wissen, hat er bald darauf auch Kontakt mit dem nun völlig versoffenen Rechtsanwalt, der kurze Zeit danach stirbt. Das Spät-Dokument ist dem Autor vor langen Jahren von Dr. H., dem Kommandanten der Kantonspolizei Zürich, zugesandt worden. Ein Zitat der Rahmenhandlung aus ‚Das Versprechen' wird eingeflochten [31], und im Kontext zu einer abseitigen Sexorgie mit der Vergewaltigung der Kohlertochter Hélène durch das spätere Mordopfer Professor Winter wird nachträglich eine verwirrende Motivverflechtung geliefert, die das mathematisch-kalte Experimentmotiv in individuelles Zwielicht rückt. Labyrinthisch mutet die schließliche „Lösung" an. Die Parallele zum Schluss des „Versprechens" liegt nahe: auch hier wird eine Absage an das Modell exekutiert, wofür das Zitat der Rahmenhandlung als absichtsvolle Unterstreichung zu gelten hat. In einer „Nachschrift" äußert Dürrenmatt zur Entstehungsgeschichte unter anderem: „Im Frühjahr 1985 schlug Daniel Keel die Herausgabe der J u s t i z als Fragment vor. Ich willigte zögernd ein und beschloss, noch ein Hauptkapitel zu schreiben, begann aber dann den Roman umzuschreiben und zu vollenden, wenn auch wohl in einem anderen Sinne als ursprünglich geplant." [32]

Noch ein Erzählwerk Dürrenmatts wird gelegentlich als Kriminalstoff gesehen, und tatsächlich beginnt „Der Auftrag oder Vom Beobachten des Beobachters" (1986), im Untertitel ausgewiesen als „Novelle in vierundzwanzig Sätzen". mit der Mitteilung eines ‚Falles' – Tina von Lambert ist in Afrika „vergewaltigt und tot aufgefunden worden, ohne dass es gelungen sei, das Verbrechen aufzuklären" [33] und auch eine ‚Ermittlerfigur' wird eingeschaltet – die Filmemacherin F.

Bald aber überschreitet die Handlung alle Grenzen des kriminalen Ansatzes. Aus dem Persönlich-Psychologischen erwächst eine politisch zu deutende Vernichtungsvision mit einander beobachtenden Satelliten, Computern und anonymen Mächten, in der sich die Welt „ihrem Ursprung entgegen" [34] dreht.

---

31) vgl. GW 4/S. 783: „Er nahm mich am nächsten Morgen in seinem Wagen nach Zürich mit." (usw.)

32) GW 4/S. 802

33) GW 4/S. 453

34) GW 5/S. 533

Der Kriminalfall erweist sich wie keineswegs selten bei Dürrenmatt, als Instrument der Komposition, dazu ausersehen, dem Eigentlichen – hier dem Thema des Beobachtens und Beobachtetwerdens – Attraktivität, Reiz, Publikumswirksamkeit zu verschaffen.

Hinsichtlich der Zahl, der von ihm mit literarischen Mitteln produzierten Leichen, lässt Dürrenmatt Shakespearsche Dramenschlüsse geradezu harmlos erscheinen. Und immer stehen die Verbrechensopfer im Kontext zu bedeutenden moralischen Fragestellungen.

Da gibt es zweifachen Gattenmord in „Die Ehe des Herrn Mississippi“ zugeordnet dem Thema des Scheiterns ‚menschheitsbeglückender‘ Ideologien. Ein Kollektivmord mit anschließendem Verkauf der Leiche des Opfers illustriert das Thema der menschlichen Verführbarkeit im „Besuch der alten Dame“. Betrug, Erpressung und Mord begleiten in „Frank V.“ die Darstellung hemmungsloser Kommerzialisierung der Gesellschaft. Drei Frauenmorde würzen die in den „Physikern“ angestellten Betrachtungen zur endgültigen Katastrophe der Menschheit. Vier Leichen – wenngleich nicht durchweg Verbrechensopfer – garnieren im „Meteor“ Dürrenmatts „gewaltiges Donnerwetter“ (Goertz) über das Leben im allgemeinen und den kommerzialisierten Literaturbetrieb im besonderen. „In ‚Der Mitmacher‘ beseitigt ein sich durch Korruption ständig vergrößerndes Mördersyndiktat Leichen auf chemische Weise“ [35]. Leicht einzusehen, dass hier schwer Leichenzählen ist, wo es um die Entmenschlichung des Menschen geht.

Es stellt sich folgerichtig die Frage nach literarischen Vor- und Urbildern. Dürrenmatt-Biographen und -Interpreten wie Brock-Sulzer, Arnold, Durzak oder Spycher nennen fast ausnahmslos alle jene Namen, welche gleichsam als Symbolfiguren des literarisch relevanten Kriminalromans gelten dürfen:Poe, Fontane, Hammet, Chandler, Stout, Simenon und natürlich Friedrich Glauser, den geistigen Vater der schweizerischen Detektivfigur Wachtmeister Studer. Diese Aufzählung ist keineswegs vollständig.

Dürrenmatt hat 1981 in „Der Winterkrieg in Tibet“ ein interessantes Selbstzeugnis zu diesem Problemkreis nachgetragen mit

---

35) Willi A. Koch, Musisches Lexikon S. 287

dem Kapitel „Jugendlektüre“, deren fortzeugende Wirkung er hervorhebt: „So fand ich in jener Literatur, von der nie gesprochen wird, die fast jeder in seiner Jugend liest und die das spätere Schaffen mehr prägt, als wir ahnen, all die Taten der Sagen und der Geschichte, des Glaubens und des Wissens wieder, von denen die Erwachsenen erzählt hatten.“ [36]

Anfangs sind es religiöse Abenteuerromane, die ihn im pubertären Entwicklungsstadium fesseln, dann der ganze Karl May in den berühmten grünen Originalbänden, die ihm ein pensionierter Zuckerbäcker ausleiht. Hinzu kommt einiges von Jules Verne. Gelegentlich erregt er sich, wie jeder Junge seines Alters, an Schmuddelig-Unzüchtigem, das obszön bebildert ist. Bewegende Einsichten in den Zustand der Erwachsenenwelt vermitteln Heftchen aus dem Bahnhofskiosk, die beim Schein einer Taschenlampe verbotenerweise im Bett gelesen werden:

„Sie erzählten von großen Bösewichtern, von unermesslich reichen Bankiers, von Waffenhändlern, Gangsterchefs und Nabobs, die über Goldminen, Ölfelder und Finanzimperien regierten, Politiker bestachen und Völker ausbeuteten. Die unzähligen Hefte wanderten in der Sekundarschule von Hand zu Hand, geheim, denn die Lehrer versuchten sie zu unterdrücken, der Meinung, für uns sei das ‚gute Jugendbuch‘ die einzig richtige Lektüre. Als der Deutschlehrer mein Pult untersuchte, fand er ganze Stöße der verfemten Hefte. Zum Glück hatte ich die gelesen und nicht die Jugendbücher, denn der Kitsch brachte uns die Binsenweisheit bei, dass die Welt der Erwachsenen in Unordnung war, nicht die der Kinder, und es kam mir vor, als hätte der liebe Gott mit seinen zehn Geboten die Hauptschurkereien gar nicht geahnt, zu denen der Mensch fähig ist: Ich begann am Weltgebäude meiner Jugend zu rütteln, allzu schnell sollte es einstürzen.“ [37]

Die Rede ist von ‚John Kling‘, dem Helden einer vielgelesenen Abenteuer- und Kriminalserie der dreißiger Jahre, er war sozusagen der ‚Jerry Cotten‘ von damals [38].

---

36) GW 6/S. 43 f.

37) GW 6/S. 44 f.

38) Andere populäre Heftchen-Helden waren beispielsweise „Frank Allan, der Rächer der Enterbten“, „Tom Shark“ und „Sun Koh, der Erbe von Atlantis“, eine Art Science-Fiction-Antizipation mit faschistoiden Gedankengut.

Es bleibt festzuhalten:

Dürrenmatts Kriminalprosa – dies gilt in besonderem Maße für die beiden Bärlach-Romane und „Die Panne“, wohl aber auch für „Das Versprechen“ nach dem Kassenerfolg der Filmversion – entstand aus pekuniären Gründen. Es muss um so höher geschätzt werden, dass sie sich konsequent in das Dürrenmattsche Gedankengebäude einfügt und beispielsweise seine Theorie vom Zufall kompromisslos ins Feld führt gegen das gängige Modell der Kriminalstory: „Überhaupt tut es dem Schriftsteller gut, sich nach dem Markte zu richten! Er lernt so schreiben, listig schreiben, das Seine unter auferlegten Bedingungen zu treiben. Geldverdienen ist eine schriftstellerische Stimulans.“ [39)]

Dürrenmatts Kriminalprosa ist solide literarische Arbeit: präzise erzählt, sicher im Appell an die Emotionen des Lesers, glaubwürdig-sparsam in den Dialogen: „Sie zeigt sich vor allem in der Wahl der geschilderten Vorgänge, Fälle, die von dieser Welt sind und bei aller Phantastik in einem höheren Sinne glaubhaft. –“ [40)]

Dürrenmatts Kriminalprosa – erst nach dem Erscheinen von „Justiz“ ist dies vollkommen deutlich geworden – fügt sich zu einer zentralen künstlerischen Absicht: „Dürrenmatt jedoch will gerade vorführen, dass nach dem Stand des heutigen Wissens die Detektivgeschichte anachronistisch, ihre Fiktion einer geschlossenen, vollständig rationalen und im einzelnen erkennbaren Welt ärgerlich geworden ist. Oder anders gesagt, er will zeigen, dass der Glaube der Detektivgeschichte an Rationalität in der heutigen Welt irrational ist.“ [41)]

Mag man auch der Auffassung folgen, Dürrenmatts Kriminalerzählungen seien lediglich Nebenprodukte eines großen Dramatikers, so sind sie es doch im nämlichen Sinne wie seine zeichnerischen Werke – etwa die Illustrationen zu ‚Minotaurus‘ (1985) – derentwegen man ihn unter die „Doppelbegabungen“ zählt.

In ihnen wird „,Kunst getan“.

---

39) GW 7/S. 41

40) Hermann Kant, Nachwort, in: Die Panne. Der Richter und sein Henker, S. 242

41) Jan Knopf, Friedrich Dürrenmatt, S. 56

DER VERDACHT

Zeit-Punkte

Zur Edition:

15. September 1951 - 29. Februar 1952	,Der Verdacht' erscheint erstmalig als Feuilleton in ,Der Schweizerische Beobachter' vom 25. Jahrgang, Nr. 17 bis 26. Jahrgang, Nr. 4
1953	Die erste Buchausgabe erscheint im Benziger Verlag, Zürich, Einsiedeln, Köln
1974	,Der Verdacht' liegt als Taschenbuch im 595. Tausend vor
1980	Aufnahme in die erste Werkausgabe in dreißig Bänden
1988	Aufnahme in ,Gesammelte Werke in sieben Bänden', herausgegeben von Franz Josef Görtz, – Band 4. Romane, S. 119 - 265 (Unsere Zitatquelle)

Zur Handlung

Juli 1908	Hungertobel und Emmenberger als Medizinstudenten bei einer Bergwanderung
1932	Emmenberger wandert von der Schweiz nach Deutschland aus
1933	Edith Marlok emigriert in die Sowjetunion
1937	Emmenberger wandert nach Chile aus
1938	Nehle besteht das Abitur und das Staatsexamen; er wird Arzt im Konzentrationslager

1940 im Winter	Auslieferung der kommunistischen Emigrantin Edith Marlok an die SS; Transport in das KZ Stutthof
Dezember 1944/ Januar 1945	Nehle nimmt an Gulliver eine Magenresektion ohne Betäubung vor und lässt ihn anschließend gesundpflegen
Anfang Februar 1945	Gulliver wird auf den Rücktransport nach Buchenwald geschickt
Anfang Mai 1945	Gulliver überlebt in einer Grube, die mit Leichen gefüllt ist, die Mordaktion des SS-Begleitkommandos
10. August 1945	SS-Arzt Nehle stirbt vermeintlich durch Selbstmord in einem Hamburger Hotel
Spätsommer 1945	Emmenberger kehrt aus Chile in die Schweiz zurück und übernimmt die Privatklinik Sonnenstein auf dem Zürichberg
Anfang November 1948	Bärlach wird in das Berner Salem Spital eingeliefert. Erst nach zwei stabilisierenden Wochen kann man ihn dem notwendigen Eingriff unterziehen
27. Dezember 1948 - 5. Januar 1949	Zeitraum der erzählten Gegenwart
Montag, 27. Dezember	Bärlach ist über den Berg. Ein Foto in ‚Life' begründet den Verdacht
Dienstag, 28. Dezember	Gespräche mit Hungertobel verstärken den Verdacht
Mittwoch, 29. Dezember	Bärlach treibt Stilbetrachtung an Hand von Texten aus Emmenbergers chilenischen Jahren und zieht Erkundigungen ein. In der Nacht erscheint Gulliver

Donnerstag, 30. Dezember	Bärlach entwickelt die These vom Persönlichkeitstausch Nehle – Emmenberger. Besuch des Schriftstellers Fortschig
Freitag, 31. Dezember	Verlegung Bärlachs nach Zürich an diesem Silvestertag, Aufnahmeuntersuchung mit dem Versuch zu einem verhörartigen Gespräch; Bärlach nimmt zwei Tabletten ein
Mittwoch, 5. Januar 1949	Bärlach erwacht aus der Betäubung
Donnerstag, 6. Januar	Er sieht sich entlarvt und hilflos. Die Nachricht von Fortschigs Ermordung ist gekommen. Emmenberger kündigt ihm den Tod durch Vivisektion an. Bärlach wartet verzweifelt. Gulliver erlöst ihn

Zum historischen Hintergrund:

1. Juli 1934	Stalin über Hitler: „... was für ein Prachtkerl dieser Hitler ist" (am Tag nachdem SA Chef Ernst Röhm und zahlreiche seiner Clique ermordet worden waren im Politbüro) – so zitiert in der ARD-Fernsehdokumentation „Moskau enthüllt: Hitler und Stalin – Mordgesellen" von Fritz Pleitgen am 12.5.89
9. November 1938	„Kristallnacht". Zerstörung der Synagogen und jüdischen Geschäfte, 30 000 – 40 000 jüdische Männer werden in Konzentrationslager gebracht. Die Juden haben eine ‚Buße' von 1 000 000 000 Reichsmark zu entrichten. Die jüdischen Unternehmen werden ‚arisiert' ; Juden dürfen

	an Kultur-veranstaltungen nicht mehr teilnehmen.“ (nach Werner Maser, a.a.O., S. 251 f.)
28. November 1938	„Eine Polizeiverordnung ... gab den Behörden die Möglichkeit, die Juden am Betreten beliebig bestimmter Bezirke zu hindern.“ (nach Peter Beyersdorf“ a.a.O., S. 67)
23. August 1939	Hitler-Stalin-Pakt: „... die überraschendste, erregendste Wendung, die ich mir vorstellen konnte, ein Telegramm, das die beiden Namen Stalin und Hitler freundschaftlich auf einem Stück Papier vereinte.“ (nach Albert Speer, a.a.O., S. 176)
24. August 1939	Reichsaußenminister Ribbentrop berichtet, er habe sich bei seinen Verhandlungen im Kreml „wie unter alten nationsozialistischen Parteigenossen“ gefühlt. (nach Klaus Mehnert, a.a.O., S. 281)
nach dem August 1939:	„Stalins nach Europa emigrierte Kritiker, von Gestapo den Tschekisten ans Messer geliefert im Tausch für die nach Rußland geflüchteten Widersacher Hitlers, sind das bleibende Stigma des Teufelspaktes von 1939 ...“ (nach Pavel Kohout, a.a.O., S. 86)
13. April 1941	Stalin umarmt den deutschen Militärattaché demonstrativ auf dem Moskauer Bahnhof. (nach Klaus Mehnert, a.a.O., S. 281 f.)
1. September 1941	„Alle Juden, die das 6. Lebensjahr erreicht haben, müssen ab 15.September den gelben `Judenstern` mit der

Aufschrift ‚Jude' tragen." (nach Werner Maser, a.a.O. S. 251 f.)

20. Januar 1942 „Wannsee-Konferenz.

Heydrich erklärt, dass die Grenzen für Juden gesperrt seien und verkündet die Endlösung, für rund 11 Millionen Juden in Europa ... Beginn der biologischen Vernichtung der Juden ... bezeichnenderweise zum Teil mit dem Schädlingsbekämpfungsmittel Cyklon B ..." (nach Werner Maser, a.a.O., S.252)

26. August 1942 Hitler über Stalin:

„Wenn Stalin noch 10 bis 15 Jahre an der Arbeit geblieben wäre, dann wäre Sowjetrussland der gewaltigste Staat der Erde geworden ... das ist so eine einmalige Erscheinung!" (nach Rudolf Augstein, a.a.O., S. 8)

1. Juni 1989 „Moskau (TASS). Vertreter der drei sowjetischen Ostseerepubliken haben am Donnerstag auf dem Kongress der Volksdeputierten der UdSSR vorgeschlagen, eine Kommission zur politischen rechtlichen Einschätzung des sowjetisch-deutschen Vertrages von 1939 und der ‚Geheimprotokolle' dazu zu bilden.

(nach ‚Neues Deutschland' vom 2. Juni 1989, S. 5)

Die Handlung

Lediglich drei Tage billigt Dr. Hungertobel dem todkranken Bärlach noch zu bis zum lebensverlängernden Eingriff. Am vierten werde ihn sonst ein neuer Anfall unausweichlich umbringen. So stehen die Dinge gegen Ende des ersten Bärlach-Romans.[42]

Seine Quasi-Fortsetzung „Der Verdacht" ignoriert diese medizinische Prognose souverän: Zwei herzstabilisierende Wochen hat man im Berner Salem-Spital[43] zuwarten müssen mit dem Operieren Bärlachs – ohne neuen Anfall. Endlich, nach lebensbedrohlichen Wochen, geht es ihm wenige Tage vor dem Jahreswechsel wieder besser. Der wackere Dr. Hungertobel sieht seinen Patienten mit einer gewissen Erleichterung in alten Heften des „Life"-Magazins blättern, Jahrgang 45. Ein Foto zeigt den Lagerarzt Nehle im KZ Stutthof beim Ausführen einer Magenresektion ohne Betäubung. Der Mundschutz verdeckt zwar viel vom Gesicht, aber nicht eine charakteristische Narbe an der Augenbraue. Ihr Anblick lässt Hungertobel unruhig werden. An den Modearzt Emmenberger fühlt er sich erinnert, der in Zürich eine Privatklinik für Vermögende betreibt und in Fachkreisen als Hormonspezialist umstritten ist. Man heißt ihn den „Erbonkel", weil er immer wieder Patienten beerbt, die in seiner Klinik gestorben sind. Hungertobel kennt ihn persönlich vom Studium her, von späteren Stellvertretungen und einmal hat er ihn sogar operiert – deshalb kommt ihm die Narbe in der Brauengegend so merkwürdig vertraut vor. Die Zeit des Krieges hat Emmenberg in Chile verbracht.

Bärlach ist des Freundes Reaktion nicht entgangen. Er gibt keine Ruhe, bis ihn Hungertobel ins Bild setzt. Der Verdacht verfestigt sich, dieser Emmenberger sei in Wirklichkeit der abgebildete Lagerarzt. Hungertobel hält dagegen, der Chileaufenthalt schließe dies von vornherein aus.

Um Bärlachs Misstrauen zu zerstreuen, bringt er am nächsten Tag medizinische Fachzeitschriften mit, die eindeutig beweisen, dass Emmenberg in Chile war, denn sie veröffentlichen Beiträge aus seiner Feder, zuletzt vom Januar 1945.

---

42) vgl. 'Der Richter und sein Henker', GW 4/S. 90

43) Dürrenmatts Vater ist dort Seelsorger nach der Übersiedlung der FAmilie nach Bern im Jahre 1935

Was Bärlach auffällt, ist die unbeholfene Sprache „eines Arztes, der einst eine gewandte Feder führte“ [44]. Der Verdacht wirkt fort. Dr. Lucius Lutz, der ‚Chef‘ Bärlachs, wohlbekannt aus dem ersten Roman, erscheint persönlich am Krankenbett und kündigt dem Alten die bevorstehende Pensionierung per 1 . Januar an – aus Altersgründen, wie man euphemistisch seine unheilbare Erkrankung umschreibt.

Jetzt ist er nur noch drei Tage Polizist – eine deutliche Motivparallele zu der präoperativen Phase im Falle Gastmann -Tschanz.

Bärlach nutzt sie, um Auskünfte über den KZ-Arzt Nehle einzuholen und dem Juden Gulliver eine verschlüsselte Aufforderung zu schicken, er möge ihn im Spital aufsuchen.

Hungertobel muss über seine Kontakte zu Emmenberger in früheren Jahren berichten. Merkwürdiges bekommt der Kommissär zu hören: von Emmenbergers glänzender Begabung als Mediziner und seiner beruflichen Unstetheit, von einer lebensrettenden Notoperation ohne Betäubung und dabei sichtbar werdender teuflischer Freude des Operateurs, von begeisterten Patienten, aber abgestoßenen Kommilitonen und Kollegen, von universalen Interessen und abstrusen Traktaten, die der Züricher Modearzt einst verfasst hat.

Nachts kommt der Jude Gulliver durchs Fenster, ein Überlebender des Holocaust, an dem Nehle im Lager Stutthof eine Magenresektion ohne Betäubung vorgenommen hat. Freiwillig wie alle Nehle-Opfer hatte sich Gulliver auf den Tisch gelegt, getrieben von der wahnsinnigen Hoffnung auf das in Aussicht gestellte Überleben der KZ-Hölle. Wie durch ein Wunder war er nicht gestorben. Das ‚Life‘ – Foto hat er selbst unter Lebensgefahr aufgenommen und nach dem Kriegsende der Zeitschrift zugespielt. Ein anderes Foto von Nehle existiert nicht. Die Nachricht vom Hamburger Selbstmord schien seinerzeit zu bestätigen, dass Gullivers Schlag gut gezielt war. Die nächtliche Szene ist wodkageschwängert und Bärlach sturzbetrunken, als Gulliver sich wieder aus dem Fenster schwingt. Vor dem Einschlafen grölt der Kommissar lauthals ein Stück vom Berner Marsch.

44) GW 4/S. 134

Am nächsten Tag stehen ihm Unterlagen zur Verfügung, die Dr. Lutz geschickt hat. Die darin enthaltene Beschreibung Nehles gleicht derjenigen Emmenbergers aufs Haar. Sein Lebenslauf weist Interessantes auf. Von 1915 an war er im Krieg Sanitäter, danach Irrenwärter und Spitalgehilfe. Sein Wunsch, Medizin zu studieren, scheiterte zweimal an den alten Sprachen und der Mathematik in der Reifeprüfung. So wurde er Naturarzt und Wunderdoktor, kam vor Gericht , wurde aber seiner erstaunlichen medizinischen Kenntnisse wegen milde behandelt. Schließlich ließ man ihn gewähren. 1938, nachdem Emmenberger im Vorjahr nach Chile aufgebrochen war, bestand er endlich die Maturität – und dies mit glänzenden Leistungen in Latein, Griechisch und Mathematik.

Man erließ Nehle das Universitätsstudium, „... und er bekommt das Staatsdiplom nach einem wie die Maturität glänzenden Staatsexamen, verschwindet jedoch zum allgemeinen Erstaunen als Arzt in den Konzentrationslagern.“ [45)]

Für Bärlach ergeben sich zwei Thesen von unterschiedlichem Wahrscheinlichkeitsgrad.

Entweder ist der KZ-Arzt Nehle tot, und es gibt keine Beziehung zwischen ihm und dem unbescholtenen Emmenberger. Dies wirkt auf den ersten Blick wahrscheinlicher.

Oder Nehle und Emmenberger haben die Rollen getauscht:

Emmenberger war als Nehle Lagerarzt in Stutthof; Nehle weilte als Emmenberg in Chile. Dies wirkt weniger wahrscheinlich, zumal es eine neue Sicht des Hamburger ‚Selbst‘-Mordes verlangt.

Dennoch scheint auch diese phantastisch anmutende Version möglich: Beide sind Ärzte, beide gleichen sich auch in den Merkmalen, die nicht von der Natur gesetzt sind – der Augenbrauennarbe und einer handbreiten Brandnarbe am linken Unterarm .

Die Zusammenschau aller Verdachtsmomente lässt Bärlach einen Entschluss fassen: am Silvestertag soll man ihn unter dem Falschnamen Blaise Kramer als vermeintlichen reichen Auslandsschweizer nach dem Sonnenstein auf dem Zürichberg verlegen .

---

45) GW 4/S.175

Hungertobel protestiert vergeblich.

Zuvor bestellt der Alte eine journalistische Provokation.

Zu diesem Zweck erscheint der Schriftsteller Fortschig am Spitalbett Bärlachs. In seinem obskuren Blättchen „Apfelschuss" soll er einen Artikel veröffentlichen, der dazu bestimmt ist, den namentlich ungenannt bleibenden Chefarzt einer Züricher Privatklinik als Massenmörder zu beschuldigen. Bärlach gibt die inhaltliche Linie vor, finanziert das Ganze großzügig, einschließlich einer sofort anzutretenden Reise Fortschigs nach Paris, die ihn vor eventuellen Racheaktionen bewahren würde.

In den Abendstunden des Silvestertages – der „Zweite Teil" des Romans beginnt damit – erreichen Hungertobel und Bärlach die Stadt Zürich im Auto. Im Spital bringt man den neuen Patienten sofort zur Aufnahmeuntersuchung. Bärlach gedenkt, diese zu einem Verhör umzufunktionieren. Er wird von Emmenberger und dessen Assistentin, der schönen Dr. Edith Marlok, im Operationssaal erwartet. Bärlach registriert wohl die in der Wahl dieses Ortes liegende Einschüchterungsabsicht.

Der Kommissär geht in die Offensive. Er jage beruflich untergetauchte Kriegsverbrecher, im Augenblick hier in der Schweiz einen ganz bestimmten. Seine wichtigste Waffe sei dabei die Furcht. Gleichsam im Kontext zu Fortschigs ‚Apfelschuss' – Auftragsveröffentli- chung deutet Bärlach Details an, die Emmenberger verunsichern sollen. Doch das scheint nicht so recht zu gelingen, wenn man von seinem nervösen Rauchen absieht. Der Dialog lebt vom Hintersinn der Worte. Kein Satz, der nicht doppeldeutig wäre. Wenn Bärlach äußert: „An seiner Furcht wird er krepieren",[46] so ist das eine kaum verhüllte Drohung.

Wenn Emmenberger anweist: „Geben wir ihm das Zimmer fünfzehn . . . Da haben wir ihn besser unter Kontrolle" [47] wird des Alten Ausgeliefertsein plastisch. Zwei rötliche Tabletten muss er einnehmen als ‚Beruhigungsmittel'. Sie versenken ihn in Schlaf.

Als er erwacht, ist es später Abend gegen halb elf Uhr. Er klingelt nach der Schwester und findet sich in einem merkwürdig ausgestatteten Raum mit Deckenspiegeln und Rembrandts ‚Anatomie

46) GW 4/S. 206
47) GW 4/S. 207

des Dr. Tulp'[48] an der Wand – dem Sterbezimmer, wie Schwester Kläri Glauber, ein wahrer Trampel aus dem Berner Oberland, mit schöner Selbstverständlichkeit erklärt. Sie legt dem Todkranken obendrein ein selbstverfasstes Traktat auf das Bett: ‚Der Tod, das Ziel und der Zweck unseres Lebenswandels. Ein praktischer Leitfaden'.

Bei Bärlachs Ankunft war für einen Augenblick ein merkwürdiger Zwerg am Fenstergitter erschienen. Schwester Kläri gibt jetzt zu, dass er existiert. Vorher hatte sie es bestritten, ein Zeichen mehr dafür, dass die Falle hinter dem Kommissär zugeschnappt ist.

Wieder allein, wartet Bärlach auf die Neujahrsglocken. Aber Mitternacht geht schweigend vorüber. Die Welt draußen scheint tot zu sein. Unheimlich ist Bärlach zumute. Er entdeckt Gitter vor seinen Fenstern.

Im Morgengrauen tritt die Assistentin Emmenbergers ins Zimmer: verfallen, alt, welk. Erst eine Morphium – Injektion lässt ihre Schönheit zurückkehren.

Sie bringt den Berner „Bund" mit. Bärlachs Pensionierungsnachricht mit Foto hat ihn verraten. Der Alte erschrickt über das Zeitungsdatum: 5.1.1949. Die Zeit seit seiner Ankunft ist einfach ausgelöscht, einer Insulinkur wegen, erklärt man ihm.

Bärlach sagt der Marlok seinen Verdacht ins Gesicht, und alle seine Vermutungen werden von ihr ungerührt bestätigt: Emmenbergers Rolle im KZ-Stutthof, der Hamburger Mord an Nehle. Dem Vorwurf der Mitschuld setzt sie die eigene Lebensgeschichte entgegen: Als junge Kommunistin aus Hitlerdeutschland in die Sowjetunion emigriert, geht sie dort durch die Hölle des GULAG. Als der Hitler-Stalin-Pakt besiegelt ist, gehört sie zu den vielen, die an die SS übergeben werden und gelangt nach Stutthof. Dieser Verrat an der Idee des Kommunismus hat ihr das Eintreten für eine bessere Welt gründlich ausgetrieben. Emmenberger nimmt sie zur Geliebten, und sie überlebt – morphiumsüchtig.

Sie bestätigt, was Bärlach und Hungertobel sich nicht einzugestehen wagten, als eine reale Möglichkeit: In Stutthof war die Hölle der Juden und Kommunisten. In Zürich, mitten in der friedlichen Schweiz, hat Emmenberger die Hölle der Reichen instal-

48) Gruppenbild von 1632, die Sektion einer männlichen Leiche zeigend

liert. Er verspricht Lebensverlängerung durch Vivisektion, und sie lassen sich voller Hoffnung von ihrem neuen Gott zu Tode quälen: „Auch hier operiert der Chef ohne Narkose. Alles, was Emmenberger in Stutthof tat, in dieser grauen, unübersichtlichen Barackenstadt auf der Ebene von Danzig, das tut er nun auch hier, mitten in der Schweiz, mitten in Zürich, unberührt von der Polizei, von den Gesetzen dieses Landes, ja, sogar im Namen der Wissenschaft und der Menschlichkeit; unbeirrbar gibt er, was die Menschen von ihm wollen: Qualen, nichts als Qualen.“ [49)]

Die Marlok wird Bärlach nicht helfen. Für sie zählt nur noch die Droge. Der Kommissär sei ein Narr, dass er sich gegen das Böse auflehne. Auf seinem Bett bleiben eine mitgebrachte Zeitung und ein braunes Kuvert zurück.

Bärlach versucht, in Schwester Kläri Glauber eine Bundesgenossin zu gewinnen. Aber sie erweist sich als ein „Ungeheuer an Biederkeit“ [50)] Emmenberger sei bekehrt durch die Lektüre ihres Traktats und mithin seiner Schuld ledig.

Es handelt sich um eine jener Handlungsphasen, in denen die Parodie unverstellt nach vorn drängt.

Das braune Kuvert enthält Fortschigs ‚Apfelschuß‘ mit dem bestellten Artikel. Zwar ist er geschrieben in Bärlachs Sinn, aber doch wohl ungeeignet, den erhofften Einschüchterungseffekt zu bewirken. Der Alte gesteht sich seinen Irrtum ein.

Ein Hausarbeiter wechselt das Rembrandt-Bild gegen Dürers ‚Ritter, Tod und Teufel‘ aus – wie Bärlach es gefordert hat. Ansprechen kann man ihn nicht. Der Mann ist taubstumm.

Im ‚Bernischen Bundesblatt‘ steht die Nachricht, Fortschig sei tot – gestorben unter mysteriösen Umständen. Ein Verbrechen wäre aber auszuschließen, hat Dr. Lutz der Presse erklärt. Bärlach weiß das besser: Der Zwerg! [51)]

Indessen ist Emmenberger eingetreten. Er bestätigt diese Vermutung. In achteinhalb Stunden – genau um 19 Uhr abends – wird er Bärlach töten. Auch Hungertobel wird – wieder mit Hilfe

---

49) GW 4/S. 224
50) GW 4/S. 228
51) Dürrenmatt parodiert hier den klassischen „locked room“-Fall, wie er schon bei Poe in der ersten Detekdiverzählung auftaucht.

des Zwerges – dranglauben müssen, weil er ein Risiko darstellt.

Bärlachs Vorwurf, er sei ein Nihilist, spornt Emmenberger zu einem philosophisch angelegten Selbstzeugnis. Sein Glaubensbekenntnis kulminiert in der Absage an jede humanitäre Einbindung des eigenen Ich: „Die Freiheit ist der Mut zum Verbrechen, weil sie selbst ein Verbrechen ist.“[52]

Geradezu versessen auf Bärlachs Gegenbekundung, begehrt er dessen Kredo zu vernehmen als Christ oder überzeugter Diener der Gerechtigkeit. Sogar in die Freiheit will er den Alten entlassen, bei Strafe des eigenen Untergangs – würde dieser sich nur offenbaren.

Es ist hier eine Parallele zu erkennen, zu den Methoden, die in Stutthof von ihm praktiziert worden sind, um Freiwillige für Visektionen zu gewinnen.

Doch Bärlach schweigt. Emmenberger verlässt ihn, enttäuscht, wie es scheint. Der alte Mann bleibt mit der Uhr allein, die erbarmungslos den Rest seiner Lebenszeit zertickt. Die Stunden verrinnen. Auf Rettung sinnend, zermartert er sich das Hirn. Er stürzt aus dem Bett, kriecht zur Tür, kratzt daran, weil für Faustschläge die Kraft fehlt.

Zur vorherbestimmten Todesstunde tritt nicht Emmenberger ein, sondern Gulliver. Nach der Manier des antiken Deus ex machina bringt er die Rettung. Emmenberger ist tot. Hungertobel gerettet, der Zwerg geborgen. Für die Welt wird sich nichts ändern.

Gulliver kehrt zurück ins Märchenhafte, Bärlach in die Realität eines todgeweihten alten Mannes mit einem kärglichen Rest Leben vor sich.

---

52) GW 4/S. 252

Zentrale Figuren

Hans Bärlach

Dürrenmatt hat den ‚Verdacht' wieder für die Klientel des ‚Schweizerischen Beobachters' geschrieben. Das Bekanntsein des Lesers mit dem Kommissär wird vorausgesetzt, und es fehlen folgerichtig direkte Charakterisierungen fast ganz, wie sie sich im Vorläuferroman allmählich zum gültigen Bilde fügen:

Bärlach, geboren um 1885, ein soigniert wirkender, ergrauter Herr Anfang der sechzig, hat reichlich vierzig Dienstjahre hinter sich und nur noch ein Jahr zu leben, denn seine häufigen Magenbeschwerden sind Symptome eines tödlichen Leidens. Sein berufliches Dasein ist erfüllt von jener „Lebensleidenschaft, der er alles opfert,(. . .) das Aufspüren des Bösen in der Welt und der Kampf gegen dieses Böse". [53)]

Für lange Jahre im Ausland, kennt man ihn in internationalen Polizeikreisen als exzellenten Fachmann. Ein Jahrzehnt hindurch hat er von Konstantinopel aus die türkische Kriminalpolizei modernisiert, um später in Deutschland der Frankfurter Kriminalpolizei mit Erfolg vorzustehen . Eine Traumkarriere scheint sich für den jungen Schweizer anzubahnen. Aber 1933, nach der Machtübernahme durch Hitler, ohrfeigt er einen hohen Beamten der neuen Regierung und muss unverzüglich in sein Heimatland zurückkehren, wo man – neutralitäts-bewusst und harmoniebedürftig – sein Verhalten empörend findet. Korrespondierend mit den Zeitläuften wandelt sich diese Beurteilung. Als man – nach 1945 – in Bärlachs Tat endlich die einzig mögliche Haltung eines freien Schweizers zu sehen gelernt hat, ist die karrierehemmende Wirkung des Vorganges nicht mehr zu reparieren. Bärlachs Laufbahn hält inne beim Kommissär.

So wohnt er seit 1933 in Bern, in einem stets unverschlossenen Haus an der Aare, das über keine Türglocke verfügt. Seinen Neigungen gemäß, bildet eine wohlausgestattete Bibliothek den Hauptraum.

Aus der Zeit in der Fremde ist Bärlach die Vorliebe für gute Zigarren, exquisite Weine und die Freuden internationaler Koch-

---

53) Peter Spycher, Friedrich Dürrenmatt. Das erzählerische Werk, S. 154

kunst geblieben. Daneben versteht er viel von Tieren, ohne jedoch ein Haustier zu besitzen, und – von Menschen. Um ihn ist die Einsamkeit des Hagestolzes. Seine Abneigungen konzentrieren sich auf zu schnelles Autofahren, polizeiliche Protokolle und die moderne Kriminalistik. Auch liebt er Tote nicht und geht dem Kontakt mit ihnen nach Möglichkeit aus dem Weg.

Die Dienstwaffe trägt er nach eigenem Bekunden nur selten. Als höchste Tugend gilt ihm Schweigsamkeit. Zeitungen hält er für „das Überflüssigste, was in letzten zweitausend Jahren erfunden worden ist.“ [54)]

„Alles in allem genommen, führt Bärlachs Art sich zu geben, seine gewissermaßen bärbeißige Biederkeit dazu, dass man geneigt ist, ihn zu unterschätzen“ [55)], merkt Reinhard Kästler an, was auch nach den Intentionen des allwissenden Erzählers im Roman ein Fehler wäre. Nicht von ungefähr konstatiert dieser, der überführte Mörder Tschanz höre „dem unerbittlichen Schachspieler zu, der ihn mattgesetzt hatte ...“ [56)]

In der Tat entwickelt sich die Handlung mit kühler Präzison. Bärlach führt seine Figuren – den Delinquenten Gastmann und den Henker Tschanz – gleichsam nach mathematischen Regeln mit unausweichlicher Konsequenz in die Konfrontation.

Als Verstandesmensch bewährt sich der Kommissär auch in aktionistischen Phasen: beim Angriff des riesigen Hundes im Gastmann-Grundstück, als er durch das Fenster schießt, um mit Hilfe des Lichtes aus den Wohnungen aufgeschreckter Nachbarn seinen nächtlichen Angreifer zu vertreiben.

In einem objektiven Sinn ist Hans Bärlach freilich auch schuldig. Eine leichtfertig geschlossene Wette steht am Anfang von Gastmanns krimineller Karriere. Sie sieht den jungen Kriminalisten in einer Mephisto-Situation, die ein Leben lang fortzeugen wird. Das eigentliche Ziel zu erreichen, bleibt Bärlach verwehrt, solange er Unrecht zu bekämpfen sucht im Rahmen des Rechts. Erst als er

---

54) GW 4/S. 13 f. – Bärlachs Inkognito wird durch die Nachricht seiner Pensionierung in der Zeitung gelüftet, was im Lichte der zitierten Feststellung einer ironischen Pointe gleichkommt.

55) Reinhard Kästler, Friedrich Dürrenmatt. Der Richter ... S. 46

56) GW 4/S. 113

sich zum Richter aufschwingt, jenseits festgeschriebener Normen, entsteht Gerechtigkeit.

Einwände finden sich gegen den Detektiv als Fachmann. So billigt er die Entfernung eines Mordopfers vom vermutlichen Tatort, ohne dass die Spurensicherung am Werk gewesen wäre, lässt Beweismaterial unkopiert herumliegen und will schließlich den überführten Polizistenmörder Tschanz „ nicht verraten“. [57)]

„Ich bin ein großer alter schwarzer Kater, der gerne Mäuse frisst“, [58)] sagt Bärlach über sich selbst. Wirkt diese bildhafte Autoprojektion im ersten Roman halbwegs zutreffend, so bleibt von jenem „verschwiegenen Moralisten mit dem Revolver“ [59)] im ‚Verdacht‘ nicht einmal der Umriss übrig. Zwar beherrscht Bärlach auch jetzt noch die intelligente Routine seines Metiers, jene Mischung aus Handwerk und Intuition, die den erfahrenen Kriminalisten ausmacht. Ein treffliches Beispiel dafür liefert die kritische Wertung der medizinischen Fachartikel aus Nehles Feder. Aber die im ursprünglichen Sinne des Wortes ‚planlose‘ Verlegung nach Zürich im Zustande völliger körperlicher Hilflosigkeit, ohne jede Absicherung von außen und ohne auch nur die einfachsten Notwendigkeiten einer wirksamen Tarnung zu bedenken, schaffen jene Hänschenklein-Situation, die der Jude Gulliver ironisch besingt.

Wie an die Stelle Gastmanns im zweiten Roman mit Emmenberger eine Negativgestalt völlig anderen Zuschnitts tritt, hat sich auch Bärlach von seinem ursprünglichen Ich entfernt. Er ist hinübergeglitten in eine unzulängliche intellektuelle Qualität. Unfähig, die Risiken seines Handelns auch nur annähernd richtig zu kalkulieren, wandelt sich der vermeintliche Jäger zur hilflos zappelnden Beute.

Als „trauriger Ritter ohne Furcht und Tadel“ [60)] dient Bärlach im ‚Verdacht‘ der Dürrenmattschen Absage an die herkömmliche Weitsicht im Kriminalroman bei Strafe des Verlustes literarischer Profilierung. „Dass Bärlach durch die Dürrenmatt-Literatur als positive, wenn auch skurrile Figur herumgeistert, lässt sich kaum anders als mit dem Bedürfnis erklären, den Autoritäten

57) GW 4/S. 116
58) GW 4/S. 25
59) Hans Bänzinger, Frisch und Dürrenmatt, S. 156
60) GW 4/S. 259

unbenommen zu vertrauen. Schon die beiden ersten Kriminalromane Dürrenmatts sind Abgesänge auf die Gattung, indem sie in der Hauptfigur das Schema der Gerechtigkeit negieren" [61] wertet Jan Knopf.

Und bei Reiner Poppe finden wir die unterstreichende Feststellung, „dass Dürrenmatt mit Kommissar Bärlach seine Kunstfigur erfunden hat, mit der er ungeniert das Bild des Detektivs, wie ihn die Gattung des Kriminalromans bzw. Detektivromans kennt und beständig reproduziert (hat), rigoros demontiert. Im zweiten Roman gibt er den ‚Helden', der im landläufigen Verständis so etwas wie ein ‚Unbesiegbarer' zu sein hat, gar der Lächerlichkeit preis. Ein Kommissar, der sich selbst in die Klemme bringt, aus der er sich nicht mehr befreien kann. Das ist absurd und gegen jede Krimi-Etikette ..." [62]

Fritz Emmenberger

„Bärlachs Gegenspieler ist ein Gastmann konträrer Verbrechertyp. War Gastmann eine zwielichtige Erscheinung, ist Emmenberger das total Böse, die Verkörperung des sadistischen Faschismus" [63] wertet Goertz. Emmenbergers Charakterzeichnung hat Dürrenmatt mit einer geradezu verschwenderischen Detailfülle ausgestattet.

Herausgelöst aus den Verwirrungen eines absichtsvollen Identitätswechsels, zeigt sich folgende Vita: Der gebürtige Berner, Dr. med. Fritz Emmenberger, ein Generationsgefährte Hungertobels und Bärlachs vom Jahrgang 1887, hat, darin seinem Gegenspieler ähnlich, etliche Jahre im Ausland verbracht. Als Student schon „zeichnete er sich literarisch aus und schrieb eine ebenso witzige wie glänzende Feder". [64] Dank seiner Entschlußkraft rettet er beim Bergwandern mit Hilfe eines blutigen Eingriffs ohne Narkose das Leben eines Kommilitonen. Die dabei sind , „erleben mit Schaudern, wie ihn wilde Freude zu erfüllen scheint" angesichts der Qual des ihm Ausgelieferten.

61) Jan Kopf, Friedrich Dürrenmatt, S. 57
62) Reiner Poppe, Friedrich Dürrenmatt. Der Richter und sein Henker, S. 56
63) Heinz Goertz, Friedrich Dürrenmatt, S. 35
64) GW 4/S. 132

In den Studentenjahren gilt er „als ganz großes Licht“; [65]) neben der Medizin hört er „viel und wild durcheinander“ auch Physik. Mathematik, Philosophie und Theologie. Ein glänzendes Examen könnte der Auftakt zur bedeutenden Karriere sein, aber weder daran, noch an beruflicher Sesshaftigkeit lässt Emmenberger Interesse erkennen. Er begnügt sich mit Praxis-Stellvertretungen, zweimal auch für Hungertobel, begeistert dabei die Patientenschaft für sich, wird im Ausnahmefall auch rundweg abgelehnt.

Als junger Arzt lebt er unruhig und kontaktarm, wirkt er zynisch und unzuverlässig. Niemand will sich mit ihm einlassen, denn seinem überlegenen Witz ist man nicht gewachsen. Durch seltsame Traktate, zum Beispiel eine sophistische Verteidigung der Astrologie, bringt er sich ins Gerede. Die Nachricht, Emmenberger sei ausgewandert, erst nach Deutschland und dann weiter nach Chile, findet kaum Aufmerksamkeit.

Tatsächlich bleibt Emmenberger in Deutschland und tauscht dort mit Nehle die Identität. Nehle ist es, der nach Chile reist.

Emmenberger aber legt zunächst die Reifeprüfung und dann das medizinische Staatsexamen ab, woraufhin er Lagerarzt im KZ Stutthof wird.

Dort führt er Vivisektionen durch, ausschließlich an Freiwilligen, die geködert werden mit der Hoffnung, das Vernichtungslager Stutthof als Überlebende zu verlassen. Erfüllt sich die wahnwitzige Hoffnung, nicht auf dem Tisch Emmenbergers zu sterben, in seltenen Ausnahmefällen, wird das Opfer gesundgepflegt und abtransportiert.

Auch in Stutthof bleibt Emmenberger ein Einzelgänger. Mit ihm ist kein Gespräch möglich. Er gehört der SS nicht an und pflegt weder kameradschaftlichen noch kollegialen Umgang. An den ortsüblichen Häftlingsquälereien nimmt er nie teil, sondern sucht zu helfen, soweit dies im Rahmen der Gegebenheiten möglich und sinnvoll erscheint.

Wenn er dennoch als einer der „bösesten und unbarmherzigsten Engel in diesem Paradies der Richter und Henker“ [66]) überall in den stutthof-fernen Lagern berüchtigt ist, so liegt das an dem

65) GW 4/S. 145
66) GW 4/S. 154

eigentlichen Grauenvollen: der Freiwilligkeit seiner Opfer. Emmenberger zwingt sie sogar, vor ihrer Entscheidung anderen Operationen beizuwohnen, damit sie genau wissen, was ihnen bevorsteht.

Emmenberger weiß, seine Macht über die Ohnmächtigen wird vorübergehen. Auf die Zukunft bedacht, sorgt er dafür, dass der angenommene Name Nehle in keinem Schriftwechsel und keiner Urkunde erwähnt wird. Den Häftlingen zeigt er sich ausschließlich mit halb verhülltem Gesicht: „Es haftet dieser Gestalt, die ungezählte Opfer auf dem ruhigen Gewissen hat, etwas Legendenhaftes und Illegales an, als ob sich auch die Nazis ihrer geschämt hätten.“ [67)]

Allein dem Foto Gullivers ist es zu verdanken, dass Nehle nach dem Krieg nicht unbehelligt bleibt.

So muss an jenem 10. August 1945 der Rücktausch der Identitäten vollzogen werden, indem Emmenberger den aus Chile heimgekehrten echten Nehle umbringt, einen Naziselbstmord per Giftkapsel vortäuschend. Der unbescholtene Auslandsschweizer Emmenberger kehrt also , aus Chile kommend, ins Land zurück und übernimmt auf dem Zürichberg das teuerste Privatspital , das die Schweiz besitzt.

Hager, leicht gebeugt, mit Hornbrille und sorgfältig gekleidet, verkörpert er jenen Typ des Modearztes, der als Weltmann auch im Berufskittel sich nahtlos einfügt in das Anspruchsbild seiner Klientel, der Superreichen.

Er macht von sich reden als Hormonspezialist. Seine Patienten glauben an ihn wie an einen Gott. In Medizinerkreisen sieht man Emmenberger eher kritisch – teils wohl aus Neid, teils aber auch, weil man sich mit dem noch jungen Zweig der Hormonbehandlung nicht recht auskennt.

Ein Spottwort geht um: Erbonkel. Denn es zahlt sich offenbar aus, als ehemaliger tüchtiger Wissenschaftler – als solchen hatte man ihn in der chilenischen Zeit schätzen gelernt – eine Wendung ins Modische zu vollziehen. Das Spital erbt Patientenvermögen auf Patientenvermögen, weil reichlich gestorben wird auf dem Zürichberg.

---

67) GW 4/S. 153

Hinter der glänzend-unverdächtigen Fassade des Nobelspitals hat Emmenberger eine private Variante der Hölle von Stutthof geschaffen, wo er seinem teuflischen Handwerk nach Herzenslust weiter obliegen kann: der Vivisektion an freiwilligen Opfern. Auch hier verspricht er Lebensverlängerung und hat damit Erfolg.

Emmenbergers gedankliche Verteidigung seines Tuns gipfelt in der Überzeugung, es gebe keine Gerechtigkeit, sondern nur eine Freiheit, die man sich nehmen muss: „Die Freiheit ist der Mut zum Verbrechen, weil sie selbst ein Verbrechen ist." [68)]

Menschen zu foltern, beschert Emmenberger Augenblicke der Gottgleichheit. Sie zu erreichen, ist der eigentliche Sinn seines Lebens. Seine Überzeugung, den Gipfelpunkt der erreichbaren Selbstverwirklichung erklommen zu haben, lässt ihn mit Bärlach va banque spielen. Es geht für ihn nicht mehr höher hinauf. Das Spiel könnte daher ebensogut enden. Emmenberger fühlt sich fähig, die Sicht auf sich selbst zu objektivieren. Sein Versprechen, Bärlach freizulassen, wenn er denn ein gültiges Credo zu bieten habe, ist ernst gemeint.

Sein Sterben von Gullivers Hand gleicht dem Nehles. Es vollendet gewissermaßen die Angleichung der Identitäten.

Gullivers Voraussage, die Welt werde in Emmenberger den toten Ehrenmann sehen, darf als sarkastische Pointe gelten, unterstrichen von der Aufforderung: „... lassen wir den Zeitungen die ehrenden Nekrologe." [69)] Als literarische Figur transportiert der Mediziner mit den abseitigen Neigungen Moral-, Zeit- und Schweizkritisches, nicht zuletzt aber auch Dürrenmattsche Reflexionen zum Zufallsthema.

Folgerichtig konstatiert Jan Knopf: „„Wie ist es möglich, dass sich der Mensch zu solchen Verbrechen hinreißen lässt, die doch nicht nur sinnlos sind, sondern auch das Menschsein an sich in Frage stellen. Im Schlüsselgespräch des Romans rechtfertigt der Arzt seine Verbrechen aus der Sinnlosigkeit der Welt (...), deren Gesetz der gesetzlose Zufall ist." [70)]

---

68) GW 4/S. 252
69) GW 4/S. 264
70) Jan Knopf, Friedrich Dürrenmatt, S. 53

Edith Marlok

Geboren etwa im Anfangsjahr des ersten Weltkrieges in einem der Kohlengebiete Deutschlands, wird die spätere Ärztin schon früh Mitglied der Kommunistischen Partei. Sie ist überzeugt von der zutiefst menschlichen Verpflichtung, gegen Armut und Ausbeutung kämpfen zu müssen.

1933 gibt es für sie kein folgerichtigeres Exilland als die Sowjetunion. Zu diesem Zeitpunkt etwa neunzehn, erreicht sie über die Abendschule die Universität. Ihre Lebensdaten lassen keinen anderen Schluss zu, als dass sie in der Sowjetunion Medizin studiert hat.

Ohne die Gründe zu erkennen, freilich auch ohne an der reinen Lehre des Kommunismus irre zu werden, erlebt sie den Stalinschen Gulag: Gefängnisse, Lager – ohne Verhör, ohne Urteil.

Im Winter 1940 transportiert man sie gemeinsam mit zahlreichen Leidensgefährten in Viehwaggons von Sibirien her zur Grenze am Bug. Der Hitler-Stalin-Pakt lässt den Austausch von davongekommenen Widersachern zwischen beiden Diktaturen florieren. Auch Edith Marlok wird über die Grenze in die Arme der SS getrieben. Sie kommt nach Stutthof, erhält die Häftlingsnummer 4466 in den rechten Unterarm gebrannt und nimmt ihre einzige Chance wahr, zu überleben, indem sie Emmenbergers Geliebte wird: „Jeder Weg, sich zu retten, ist gut.“ [71]

Auch sie durchleidet eine Art Vivisektion: der vollzogene Verrat am Kommunismus zertrümmert ihr Weltbild; die Hölle von Stutthof entlässt sie als „besudelte und entwürdigte Dienerin dieser Welt“. [72]

Auf dem Sonnenstein vegetiert sie, gleichgültig gegenüber anderen Menschen einschließlich ihres Geliebten, „weder Weib noch Mann, nur Fleisch, das immer größere Mengen Morphium braucht, um über diese Welt die Witze zu machen, die sie verdient.“ [73]

Ihr Credo ist das des Zynismus und der Resignation: „So tue ich denn, Edith Marlok, ein vierunddreißigjähriges Weib, für die farb-

71) GW 4/S. 217
72) GW 4/S. 226
73) GW 4/S. 226

lose Flüssigkeit, die ich mir unter die Haut spritze, die mir am Tag den Mut zum Hohn und in der Nacht meine Träume verleiht, die Verbrechen, die man von mir verlangt, damit ich in einem flüchtigen Wahn besitze, was nicht mehr da ist: diese Welt, wie ein Gott sie erschaffen hat. C'est ca." [74]

In Stoffe I-III, ‚Mondfinsternis', betrachtet Dürrenmatt ‚Faschismus und Kommunismus als Religionen': „Nun ist freilich nicht zu übersehen, dass beide Religionen, die kommunistische und die faschistische, gemeinsame Züge aufweisen und dass gerade das Gemeinsame sie vorläufig trennt, um sie später einander näherzubringen ..." [75]

Vorausgesetzt, wir sehen mit Goertz in Emmenberger das Zoon politikon, „die Verkörperung des sadistischen Faschismus" [76], dann darf der Lebensgang Edith Marloks als symbolische Personifizierung „als sehr frühe Illustration dieser These" gelten. Identische Strukturen einer in beiden `Religionen` funktionierenden Inquisition werden zur Anschauung gebracht – Gulag und Konzentrationslager. Das Opfer wandelt sich zum Mittäter. Religionsdifferenzen heben sich auf im übergreifend Bösen.

Aus einem Nein zur Welt voll Not und Ausbeutung wird Edith Marloks Ja zum ewigen Verlorensein des Menschen.

Man hat diese Ärztinnen-Figur mitunter recht kritisch gesehen. Der Einwand richtet sich vor allem gegen die Tatsache, dass sie sich nach dem Verlassen Stutthofs von Emmenberger nicht getrennt hat.

Sie liebt Emmenberger nicht. Sie wird nach eigenem Bekunden erst in Sonnenstein morphiumsüchtig und könnte sich wohl überdies als Medizinerin das Rauschmittel auch aus eigener Kraft verschaffen. Ein überzeugendes Motiv fehlt tatsächlich, und man versteht auch von daher, dass Elisabeth Brock-Sulzer von einem „weniger scharf von der Selbstkontrolle gezähmte(n) Werk" [77] Dürrenmatts spricht, wenn sie den ‚Verdacht' ins Auge fasst.

---

74) GW 4/S. 226
74) GW 6/S. 212 f.
75) Heinrich Goertz, Friedrich Dürrenmatt, S. 35
76) Elisabeth Brock-Sulzer, Friedrich Dürrenmatt, Stationen seines Werks, S. 242

Gulliver

Der anglikanische Geistliche Jonathan Swift , gebürtig in Dublin (1667-1745), schrieb 1726 eine Satire auf sein Zeitalter, die literarischen Weltruhm erlangen sollte: Gullivers Travels(Gullivers Reisen).

Merkwürdig genug für eine politische Parodie der englischen Zustände, wurden jene Teile des Werkes, die Gulliver bei den Zwergen und bei den Riesen sehen, zum Kinderbuch-Klassiker.

Um Zweifel an dieser literarischen Ahnherrschaft von vornherein auszuräumen, lässt sie Dürrenmatt im Roman anklingen:

„Gulliver zieht weiter zu den Riesen und zu den Zwergen ...“.[78]

Als ein Wesen mit märchenhaften Zügen, unterwegs zwischen gegensätzlichen Welten – Ost und West, Lebenden und Toten, zu welch letzteren er sich selber zählt, Güte und Hass – ist der riesenhafte Jude in der Handlung präsent.

In einer merkwürdigen Mischung aus ironischem Pathos, durch die dritte Person verfremdeter Rede und banaler Alltagssprache mit Schweizer Einsprengseln kommentiert Gulliver die Moral der Zeit aus dem Blickwinkel eines, der dem Holocaust wie durch ein Wunder entronnen ist, die Narben an Leib und Seele aber unentwegt spürt:

„Ich bin gestorben . . . Die Nazis haben mich erschossen“ [79] Gulliver sagt die amtliche Wahrheit. Seiner inzwischen verstorbenen arischen Frau hatte man den Totenschein per Reichspost zugestellt, ungeachtet der Tatsache, dass es keine Leiche gab. Der Jude hat es dabei gelassen. Er überwindet Grenzen und Kontinente als „düsterer, furchterregender Todesengel“ [80] und lässt keine Spur zurück. Seine Geschäfte sind nicht die Hauptsache, sondern lediglich Beiwerk – dazu ausersehen, die Existenz des Richters und Henkers in einer Person zu sichern, die Attitüde des unabhängig über normalen menschlichen Gesetzen Stehenden zu stützen.

Auch Gulliver hat sein Credo: „Ich weigere mich, einen Unterschied zwischen den Völkern zu machen und von guten und

---

78) GW 4/S. 265
79) GW 4/S. 150
80) GW 4/S. 156

schlechten Nationen zu sprechen, das ist mir eingeprügelt worden, und vom ersten Hieb an, der in mein Fleisch fuhr, habe ich zwischen Peinigern und Gepeinigten unterschieden." [81]

In einen alten, fleckigen und obendrein zerrissenen Kaftan gehüllt, lässt Dürrenmatt seinen Juden geheimnisvoll durch das Fenster kommen und gehen, auch wenn dafür wie beim zweiten Abgang ein sachlicher Grund nicht zu erkennen ist.

Freilich unterstreicht es die märchenhaft-geheimnisvolle Atmosphäre, die durch die Szene weht. Gulliver ist kahlköpfig, seine Hände sind edel; wimperlose, diamantfarbene Augen über dem zerschlagenen, fast lippenlosen Mund können in tierhafter Wildheit funkeln, wenn ihn die Erinnerungen quälen. Er braucht dann Alkohol, um sich zu betäuben. Dürrenmatt bescheinigt ihm Majestät des Gesichts und des ganzen Menschen. Mannigfache Narben zeugen davon, welche Qualen er in seinem Leben ertragen hat: die verkrüppelte linke Hand. der Mund, Körper und Gesicht.

Er spricht – zwar akzentlos, aber doch so, dass man sein Bemühen spürt, sich korrekt auszudrücken – wie einer, der manche Sprache auf seinen weiten Reisen pflegt.

Dürrenmatt ist von verschiedenen Seiten vorgeworfen worden, Gulliver sei eine Gestalt aus dem Grusel-Schocker, gerade als habe Edgar Wallace an seiner Entstehung Anteil gehabt.

Solche Habitus-Kritik bleibt letztlich Geschmackssache. Man wird jedenfalls nicht umhinkönnen, den grundsätzlich humanen Charakter der Figur anzuerkennen. Und in diesem Zusammenhang wiegt der kritische Ansatz Peter Spychers schwerer:

„Gewiss, Gulliver ist eine vereinzelte, vorbildliche, in ‚dieser späten Zeit' notwendige Figur, ein Riese, der sicher ist, in Gottes Auftrag zu handeln. Aber es lässt sich nicht leugnen, dass seine private und geheime Hinrichtung Emmenbergers , auf deren dauernde Geheimhaltung er pocht, keinerlei aufklärende und damit läuternde und bessernde Wirkung auf das Volk der Schweizer und auf andere Völker ausüben kann ..."[82] Es ist eine der inhaltlichen Verklammerungen zwischen den beiden Bärlach-Roma-

81) GW 4/S. 157 f.

82) Peter Spycher, Friedrich Dürrenmatt ... S. 196 f.

nen, dass die Abweichungen der Richter-Gestalten vom genormten Pfad des Rechts nicht zur öffentlichen Affäre werden. Der Mörder Tschanz nimmt die Erkenntnis von Bärlachs Rolle mit ins Grab. Und Emmenberger, der von Gullivers Hand gestorben ist, wird als Selbstmörder zu Grabe getragen werden.

Gerechtigkeit geschieht ohne Didaktik, denn: „Wir können als einzelne die Welt nicht retten ...“ [83] Hierin sind sich der Autor und sein Jude einig.

---

83) GW 4/S. 264

Nachkriegsakzente

Dürrenmatt sieht im zeitlichen Zusammentreffen Hitlers und Stalins „vielleicht das Weltpech an sich". [84] Verkürzt lautet seine These, beide hätten einander gleichsam bedingt: der Marxismus in seiner dogmatischsten Form auf der einen Seite, gebunden an einen mittelalterlichen Begriffsaberglauben – der Nazismus auf der anderen als konfuser Mystizismus, aus allen möglichen geistigen Zutaten sich speisend; dabei sind beide von erstaunlicher Anziehungskraft für die jeweilige Klientel einschließlich der Künstler und Intellektuellen: „Es musste zum berüchtigten Pakt kommen: die Feinde beider waren doch die Demokratien mit ihren zur Ohnmacht verdammten Versuchen, die Welt rational zu ordnen (...) Stalin projizierte Hitler, den er mit Hilfe der Alliierten besiegt hatte, auf die westlichen Demokratien. Der Faschismus musste der Weltfeind bleiben, damit der Kalte Krieg den Zweiten Weltkrieg fortsetzen konnte, der materiell nicht mehr möglich war, sondern nur noch ideologisch, verstärkt durch politische Schikanen." [85]

Genau dies ist die Situation, in der Bärlach zum zweiten Male agiert. Natürlich entsteht ‚Der Verdacht' nicht als Historie, eher schon als Histörchen im Sinne von Unterhaltsamkeit und Spannung, aber eben doch das Unbehagen der Zeit artikulierend, auf ernsthafte Weise.

Die Befindlichkeit einer Generation wird illustriert, deren Hoffnungen auf Freiheit, Gleichheit, Brüderlichkeit, Menschlichkeit, Menschenrechte und Menschenwürde – kurzum auf ein neues politisches Denken nach 1945 – im Kalten Krieg erfroren ist.

Man zählt den Roman zur „Bewältigungsliteratur", den retrospektiven Akzent hervorhebend. Jedoch hat der politische Wandel in Osteuropa an der Schwelle zum neuen Jahrtausend auch antizipatorische Qualitäten erkennen lassen: man denke an die Neubewertung des Hitler – Stalin – Paktes.

Bänzigers Einwand: „Der zeitgenössische Hintergrund ist übersteigernd verfälscht, nicht erhöht" [86], stellen wir im Kontext zu

84) GW 6/S. 215
85) GW 6/S. 215 f.
86) Hans Bänzinger, Frisch und Dürrenmatt, S. 158

dieser Überlegung die Ansicht von Heinrich Goertz entgegen: „War Gastmann eine zwielichtige Erscheinung, ist Emmenberger das total Böse, die Verkörperung des sadistischen Faschismus." 87)

Wir sehen in diesem Zusammenhang auch die Opfer-Gestalten Edith Marlok und den Juden Gulliver. Jeder von ihnen symbolisiert im eigenen Schicksal den Wechselbezug der Diktaturen. Die Ärztin durchleidet Gulag und KZ. Der narbige Riese..., vom Rassenwahn der Nazis entwurzelt, treibt seine Geschäfte mit den „Sowjetern".

Das Zusammentreffen zweier geschichtsrelevanter Erinnerungsdaten – der Beginn des Zweiten Weltkrieges 1939 und die Wiederkehr des Hitlerschen Geburtsdatums von 1889 – hebt nach fünfzig beziehungsweise einhundert Jahren jene Zeitphänomene wieder verstärkt ins Bewusstsein, die Dürrenmatt beim Schreiben seines Kriminalromans wenige Jahre nach Kriegsende umgetrieben haben: die physische Vernichtung der Juden im Dritten Reich, die völkerverachtende Neuaufteilung Osteuropas durch den Hitler-Stalin-Pakt vom August 1939, deren Perfidität sich in ihrem wahren Ausmaß erst der jetzt lebenden Generation enthüllt hat. Von daher wirkt das Buch erstaunlich modern in seinen Zeitbezügen – und nicht minder konkret.

Das Konzentrationslager Stutthof an der Danziger Bucht war traurige Realität. Zwar wurden dort selbst keine Vivisektionen durchgeführt, wohl aber Menschenopfer für derartige Praktiken ausgesondert:

„Die Versuche umfassten jedesmal 100 Opfer. Die Opfer waren gewöhnlich polnische Juden. Sie wurden von Stutthof auf Verlangen des mit den Versuchen betrauten Arztes geschickt und hatten keinerlei Kontakt mit den Häftlingen. Man suchte zweimal je 20 Menschen aus, deren Beinmuskeln bloßgelegt wurden und man behandelte sie mit einem Medikament . . . Man fand in den Archiven den Bericht eines Arztes, der sich einmal über den schlechten Gesundheitszustand der ihm gesandten Leute beschwerte und 90 neue Opfer in gutem Gesundheitszustand für geplante Versuche anforderte." 88)

87) Heinrich Goertz, Friedrich Dürrenmatt, S. 35
88) Heinrich Toeplitz (Hg.), SS im Einsatz, S. 349

Auch eine Anstalt namens „Sonnenstein“ existierte in Hitlerdeutschland. Sie war freilich keine Luxusklinik, sondern Vergasungsanstalt für Geisteskranke und „Lebensunwerte“, gelegen im Umfeld des sächsischen Dresden: „15 – 16 000 Geisteskranke wurden auf dem ‚Sonnenstein‘ vergast .. . Nachdem sich die Pfleger entfernt hatten, wurden die Kranken in den Vergasungsraum gebracht. Die Vergasung selbst wurde von dem Anstaltsarzt durch die Bewegung eines Hebels durchgeführt. Sie dauerte nur einige Minuten.“ [89)]

Es ist nicht anzunehmen, der Schweizer Dürrenmatt habe von dieser sächsischen SS-Tötungseinrichtung Kunde gehabt, als er den ‚Verdacht‘ zu Papier brachte.

Erwähnenswert erscheint dieser Euphemismus dennoch, bestätigt er doch Dürrenmatts poetischen Einfall in einer grausigen Realität, die bis auf den heutigen Tag ihre Schatten wirft.

So meldet die „Süddeutsche Zeitung“ wenige Tage nach Hitlers einhundertstem Geburtstag: „Früherer KZ-Aufseher untergetaucht. Lebenslange Strafe wurde am Freitag rechtskräftig. Ein 68jähriger ehemaliger Aufseher des Konzentrationslagers Auschwitz-Birkenau, verurteilt wegen damaligen mehrfachen Mordes im **Januar 1988** (unsere Hervorhebung), hat sich die Haftverschonung zunutze gemacht.“ [90)]

Gewiss – keine Sensation, wohl aber ein Symptom für die Gegenwart der Vergangenheit.

Für Sensationen sorgt da eher schon jene Unrechtsprojektion, die das Leben der Edith Marlok prägt, hineinwirkend in die Zeit vor der Jahrtausendwende.

Der Politologe Klaus Mehnert nennt den „Pakt zwischen Moskau und Berlin“ eine der „Sensationen unserer Generation“. [91)] Ursprünglich erklärt mit der Notwendigkeit, Zeit zu gewinnen für die Aufrüstung der UdSSR, ist der Hitler-Stalin-Pakt inzwischen entlarvt worden als Instrument zur vierten Teilung Polens und der gegenseitigen Zusicherung von Einflusssphären mit den bekannten Folgen für die baltischen Staaten.

---

89) ebenda, S. 392

90) Süddeutsche Zeitung, 22./23. April 1989

91) Klaus Mehnert, der deutsche Standort, S. 279

Bei Lew Kopeljew lesen wir: „Heute braucht man nicht zusätzlich zu beweisen, dass im August 1939 Stalin seinem deutschen Wahlbruder unmittelbar geholfen hat, Polen zu überfallen. In den folgenden Monaten versorgte die Sowjet-Union das Dritte Reich mit Öl, Getreiden und strategisch wichtigen Rohstoffen. Als ‚Gegenleistung' erhielt das Stalinsche Imperium großen Land-Gewinn – besetzte die baltischen Republiken, polnische Gebiete, West-Weißrußland, die West-Ukraine, Bessarabien, die Bukowina, ein Stück von Finnland. – Nur der zähe Widerstand des finnischen Volkes ersparte ihm das Schicksal von Estland, Lettland und Litauen. Stalin und Hitler teilten Osteuropa untereinander auf. Man feierte bereits Waffenbrüderschaft, Stalin trank auf das ‚Wohl des Führers, den das Volk so liebt'. Als der deutsche Botschafter am 22. Juni 1941 die Kriegserklärung überbrachte, stotterte Molotow verlegen:

‚Das haben wir nicht verdient'. Mit Recht: Sie hatten bis dahin treu an dem Teufelspakt festgehalten." [92)]

‚Der Verdacht', weit davon entfernt, ein Polit-Thriller im heutigen Verständnis zu sein, bedient sich der Darstellung von Politischem, um den moralischen Zustand der frühen fünfziger Jahre zu hinterfragen.

So werden geschichtsnotorische Umstände – die physische Vernichtung jüdischer Menschen, sadistische Praktiken in faschistischen Konzentrationslagern , der deutsch-sowjetische Vorkriegspakt – zu Chiffren für eine tiefgreifende Gesellschaftskritik im Sinne jener Dürrenmatt'schen List, Kunst im Kriminalroman zu tun, wo man sie nicht vermutet.

Es entsteht eine durchaus ungewöhnliche Mischung von kriminalistischer Spannung und Zeitbezogenheit. Sie unterscheidet den Roman in bemerkenswertem Maße von den üblichen Produktionen dieses Genres.

„...am Ariadnefaden der Deduktion den Weg durchs Labyrinth bahnen" – Anmerkungen zum Roman

Dass bei Dürrenmatt immer alles ganz anders sei, gehört unterdessen zu den selbstverständlichen Postulaten der Rezeption. Die

92) Lew Kopeljew, Die feindlichen Brüder, in. Spiegel-Spezial. 100 Jahre Hitler, S. 72

Kriminalromane bilden da keine Ausnahme. Einmal wird der Detektiv zum angemaßten Richter, der über Leben und Tod befindet. Bei anderer Gelegenheit treibt ihn die Nichteinlösbarkeit eines Versprechens in den Alkoholismus und geistige Umnachtung. Ein dritter – Rechtsanwalt von Beruf und Säufer aus Berufung – ermittelt mit dem Ergebnis, dass die Gerechtigkeit auf der Strecke bleibt.

Unter dem Pseudonym S.S. Von Dine hat der Amerikaner Willard Huntington Wright (1888–1939) als erfolgreicher Autor von Kriminalromanen einst „Zwanzig Regeln für das Schreiben von Detektivgeschichten" formuliert, die häufig zitiert werden, [93] mithin wohl eine Art repräsentativer Geltung für sich beanspruchen dürfen. Legt man die dort erhobenen Forderungen – (wir versuchen, ihren Wesensinhalt auf den Kern reduziert, durch Wortherhervorhebungen zu verdeutlichen) – als Maßstab an den Roman 'Der Verdacht', so ergibt sich das folgende Bild:

---

93) vergl.: Goette/Kircher, Der Kriminalroman, S. 39–43
Hippe, Kriminalliteratur, S. 25–29
Finckh, Theorie des Kriminalromans, S. 32–36
Poppe, Friedrich Dürrenmatt. Der Richter ... S. 49 ff.

— Auszüge aus „Zwanzig Regeln für das Schreiben von Detektivgeschichten":

„1. Leser und Detektiv müssen gleichwertige Möglichkeiten haben, das Geheimnis zu lösen. Alle Hinweise müssen deutlich konstatiert und beschrieben werden.

6. Der Detektivroman muß über einen Detektiv verfügen; und Detektiv ist nur derjenige, der etwas aufdeckt (detects). Seine Aufgabe ist es, Indizien zu sammeln, welche zu der Person führen, die im ersten Kapitel die Untat beging; und wenn der Detektiv nicht durch eine Analyse jener Indizien zu seinem Ergebnis kommt, dann hat er das Problem nicht besser gelöst als der Schuljunge, der die Lösung seiner Mathematikaufgabe aus dem Lösungsheft bezieht.

12. Es darf nur einen Täter geben, ganz gleich, wieviel Morde begangen werden. Natürlich kann der Täter einen untergeordneten Helfer oder Mitverschwörer haben; aber die ganze Last muß auf einem Paar Schultern ruhen; der ganze Unwille des Lesers muß sich auf ein einziges schwarzes Schaf konzentrieren können.

19. Alle Verbrechen in Detektivgeschichten sollten aus persönlichen Motiven begangen werden. Internationale Verschwörungen und Kriegspolitik gehören in eine andere Literaturkategorie – die der Geheimdiensterzählungen etwa. Eine Mordgeschichte aber muß sozusagen 'gemütlich' bleiben. Sie muß Alltagserfahrungen des Lesers widerspiegeln und ihm ein gewisses Ventil für seine unterdrückten Wünsche und Gefühle verschaffen."
(nach Hippe, S. 25,26,27, 28)

1. Leser und Detektiv haben *gleichwertige Möglichkeiten* der Problemanalyse.
2. *Tricks* und *Täuschungen* bleiben dem Leser tatsächlich *erspart.*
3. Es gibt *keine Liebesgeschichte.*
4. Der *Detektiv* ist *nicht* der *Täter.*
5. Der Täter wird durch *logische Folgerungen* ermittelt.
6. Ein *Detektiv* existiert, und er sammelt *Indizien.*
7. An *Leichen* herrscht kein Mangel.
8. Die *Aufklärung* erfolgt mit *naturalistischen Mitteln,* also ohne Spiritismus und dergleichen.
9. Es gibt *nur einen Detektiv.*
10. Der *Täter* ist dem Leser von Anfang an eine *vertraute Erscheinung* im Personenensemble.
11. Der Täter ist – normalerweise – *über jeden Verdacht erhaben.*
12. Es gibt in der Geschichte *nur ein* einziges *schwarzes Schaf.*
13. *Geheimgesellschaften* nach Art der Mafia *existieren* in der Story *nicht.*
14. Mordmethode und Aufklärungsmittel sind *rational.*
15. Die *Wahrheit* des Falles ist stets *offenbar.*
16. Ein literarisches *Verweilen* bei *Nebensächlichkeiten* findet *nicht* statt.
17. Der Täter ist *kein Berufsverbrecher.*
18. Das Verbrechen entpuppt sich *nicht* als *Unfall* oder *Selbstmord.* .
19. Die *Motive* des Täters sind durchaus *persönlicher* Natur.
20. Der Autor verwendet *keine abgedroschenen Klischees.*

Der Roman scheint, wie zu erkennen ist, alle Grundforderungen des herkömmlichen Modells zu erfüllen – und steht ihm doch diametral gegenüber:

Der Detektiv agiert im Sinne seiner Ermittler-Funktion – Indizien sammeln, sichten und bewerten – ausschließlich im ersten Teil der Geschichte. Am weiteren Verlauf der Ereignisse hat er nur noch als potentielles Opfer aus ohnmächtiger Zuschau-Position Anteil. Neue Erkenntnisse sind ihm nicht mehr zu verdanken.

Ausgeführte Tötungsverbrechen treten als anonymes Phänomen in Erscheinung. Wo sie sich personalisieren – beim ‚locked room'-Mord an Fortschig – bleiben sie für den Fortgang der Handlung ohne Belang. Selbst bei einer vorstellbaren Tötung Bärlachs hätte sich das endliche Ergebnis nicht geändert:

Der Täter wäre zwar hingerichtet, nicht aber vor der Öffentlichkeit entlarvt worden.

So gelten die Substitutionsgefühle des Lesers modellwidrig ausschließlich dem Überleben des Detektivs in seiner selbstverschuldeten Hänschenklein-Situation, nicht aber der Lösung irgendeines „Falles".

Dürrenmatt hält sich literarisch im Bezugssystem des Kriminalromans auf. Dessen Chiffren heißen Täter, Opfer, Detektiv, Ermittlung, Indizien. Von daher rührt die Übereinstimmung mit den Regeln Van Dines. Die Assoziationen zum Gruselinstrumentarium eines Edgar Wallace drängen herzu , angesichts des riesigen Kaftan-Juden, des barfüßigen Mörderzwerges, blutiger Eingriffe ohne Narkose, einer alles beherrschenden Uhr mit ihrem Todesticken, der sargverliebten Pflegerin und verwandter Effekte. Jedoch arbeitet Dürrenmatt inmitten dieses Bezugssystems mit Gestaltungsmitteln von artifizieller Kultur, psychologisch vertiefend, bei differenzierender Erzählhaltung und stilistischem Reiz.

Die Dialogszenen des Romans zwischen Edith Marlok beziehungsweise Emmenberger und Bärlach zählen nach allgemeiner Ansicht zu Dürrenmatts literarischen Kabinettstücken. Dies gilt ähnlich für die monologische Szene, in welcher Gullivers Weg durch die Hölle der Konzentrationslager nachgezeichnet wird.

Es sind vor allem diese Passagen , die dem ‚Verdacht' zu einigem Ansehen verhelfen. In deutlicher Hinwendung zu philosophischen Ansätzen , zum jeweiligen Credo der handlungstragenden Figuren , erschließt sich ein Quell innerer Spannung – jenseits von Horrorelementen und Aktionseffekten.

So offenbart in Grundsätzen von großer Eindringlichkeit Edith Marlok die Geschichte ihres kommunistischen Lebensirrtums und gelangt zum summierenden Resultat: „Die Versuchung dieses Daseins war zu groß und der Mensch zu klein für die Gnade, die darin besteht, zu leben und nicht vielmehr Nichts zu sein. Nun sind wir krank auf den Tod, vom Krebs unserer Taten zerfressen. Die Welt ist faul , Kommissär, sie verwest wie eine schlecht gelagerte Frucht. Was wollen wir noch!“ [94)]

So klagt Gulliver den Leidensweg seines Volkes an in einer Sprache, die Bärlach begreifen lässt, „....dass alles, auch das Wilde und Höhnische, nur ein Ausdruck einer unermesslichen Trauer war über den unbegreiflichen Sündenfall einer einst schönen, von Gott erschaffenen Welt“. [95)] Plötzlich, wie ein Aufblitzen, klingt dann in einem einzigen imperativischen Satz des Juden ungebrochenes Bekenntnis zu kämpferischer Humanität auf:

„Mein Gott, Kommissar, lass uns kämpfen, dass die Freiheit für alle das gleiche wird, dass sich keiner vor dem andern für seine Freiheit zu schämen hat!“ [96)]

So erklärt sich Emmenberger in wahrer Bekenntniswut als von der Sinnlosigkeit menschlicher Moral überzeugt, in einer Welt, die einzig vom Zufall regiert wird: „Und ich glaube, dass ich bin, als ein Teil dieser Materie, Atom, Kraft, Masse, Molekül wie Sie, und dass mir meine Existenz das Recht gibt, zu tun, was ich will. Ich bin als Teil nur ein Augenblick, nur Zufall, wie das Leben in dieser ungeheuren Welt nur eine ihrer unermesslichen Möglichkeiten ist, ebenso Zufall wie ich – die Erde etwas näher bei der Sonne, und es wäre kein Leben-, und mein Sinn besteht darin, nur Augenblick zu sein. (...) Es ist lächerlich, dem Menschen Dauer zu geben, denn es wird immer nur die Illusion einer Dauer sein, Systeme an Macht zu erfinden, um einige Jahre an der Spitze irgendeines Staates oder irgendeiner Kirche zu vegetieren. Es ist unsinnig in einer Welt, die ihrer Struktur nach eine Lotterie ist, nach dem Wohl der Menschen zu trachten, als ob es einen Sinn hätte ...“ [97)] Hier klingt jenes Thema wieder an, das schon im ersten Bärlach-Roman den Wesenskern der Wette mit Gast-

94) GW 4/S. 225
95) GW 4/S. 156
96) GW 4/S. 161
97) GW 4/S. 251

mann definiert: Dürrenmatts Auffassung vom Zufall. [98] Diese Theorie geht durch sein gesamtes Werk. Wenn Emmenberger sich zur Rechtfertigung seiner Taten selbst noch auf kosmische Zufälle beruft, so ist damit ein Eckpfeiler des Gedankengebäudes in den Roman projiziert. Rund ein Vierteljahrhundert später, in den ‚Mitmacher'-Kommentaren schreibt Dürrenmatt: „Nach den heutigen Hypothesen konnten nur ganz und gar phantastische Zufälle zur Bildung einer Uratmosphäre führen, aus der sich – wieder aus Zufällen heraus – die ersten größeren Molekülverbände entwickelten, die sich aufs Neue aufgrund von Zufällen im Urozean zu der ersten Urzelle zusammenfügten, mehr noch, auch die chemische Zusammensetzung dieser Urzelle ist die Folge von Zufällen, das heißt, die erste lebende Urzelle hätte auch anders zusammengesetzt sein können, als sie sich dann zufälligerweise zusammensetzte ..." [99]

Dass sich von Emmenbergers Credo zu dieser Theorie über das zufällige Leben gewisse Beziehungsfäden knüpfen lassen, ist offenkundig. Des Arztes Bekenntniswut flammt auf , angesichts des Vorwurfes, ein Nihilist zu sein. Es handelt sich hier um einen schillernden Begriff, der Dürrenmatt schon recht früh beschäftigt hat. So schreibt er im Winter 1942/43 als Berufsbezeichnung an die Tür seines Mietzimmers an der Züricher Freiestraße „Nihilistischer Dichter". [100]

Emmenberger pariert des Kommissärs Vorwurf [101] mit seinem „Credo".

98) vgl. GW 4/S. 68: „Deine These war, dass die menschliche Unvollkommenheit, die Tatsache, dass wir die Handlungsweise anderer nie mit Sicherheit vorauszusagen, und dass wir ferner den Zufall, der in alles hineinspielt, nicht in unsere Überlegungen einzubauen vermögen, der Grund sein, der die meisten Verbrechen zwangsläufig zutage fördern müsse."

99) GW 7/5.206 f.

100) GW6/S. 312

101) Als philosophiache Richtung wurde der Nihiliamus – das lateinische Ursprungswort „nihil" bedeutet „nichts" – begründet von Friedrich Heinrich Jacobi (1743–1619), Romanschriftsteller und Philosoph, über Jahre Präsident der Münchner Akademie der Wissenschaften. Er predigte eine Art Gefühls- und Glaubensphilosophie, die nur das subjektive Erleben als einzige Quelle der Gewissheit anerkannte, ansonsten aber jede Erkenntnismöglichkeit leugnete. Man unterschied zwischen den im vorgenannten Sinne theoretischen Nihilismus und seiner ethischen Spielart, die totgernd alle moralischen Gesetze leugnete. Bärfachs Vorwurf zielt in diese Richtung. In Rußland beriefen sich nach dem Erscheinen von Turgenjews Roman „Väter und Söhne" (1861) die Anhänger des politischen Umsturzes auf den Nihilismus.

Er beruft sich damit auf den „gesetzlosen Zufall“ (Knopf) und verteidigt seinen bedingungslosen Mut zum Verbrechen. Dem folgt jene vielbesprochene Szene, in der Bärlachs Glaubensbekenntnis gefordert wird: „Nun kommt Dürrenmatts genialer Einfall, ein Beispiel für die Konsequenz seines Denkens: die Möglichkeit zum ‚Glücksumschwung‘. Der Arzt verspricht. Bärlach freizulassen, wenn er einen gleich großen, bedingungslosen Glauben wie er besitzt.“ [102)]

Wie wir wissen, schweigt Bärlach: als Christ, als Diener der Gerechtigkeit, als Gegenspieler, auch darin ganz und gar Dürrenmatts Geschöpf. Jan Knopf wertet: „Entscheidender im ‚Verdacht‘ jedoch ist, dass Bärlach der inhumanen Lebensphilosophie des Sadisten nichts entgegenzusetzen hat und auf die Frage, woran er denn glaube, schweigt. Er schweigt, weil er ein Gerechtigkeitsfanatiker ist, der um jeden Preis seine starre, die ehemals humane Intention längst ins Gegenteil verkehrende Auffassung, dass es in der Welt gerecht zugehe, durchsetzen will und dabei auch über Leichen geht. Die Humanität ist so wenig bei ihm wie beim sadistischen Arzt.“ [103)]

Mit Emmenbergers Credo und Bärlachs Schweigen zielt Dürrenmatt auf den moralischen Zustand der Zeit, wie denn überhaupt unverkennbar zeit- und damit einhergehend schweizkritische Akzente als wesentliches Anliegen dieses Kriminalromans auszumachen sind.

Dass Konzentrationslager, Judenmord, Gulag und Geldherrschaft für Dürrenmatt nicht bloß politische Flecken auf nationalen Wappen sind, sondern Chiffren für den sittlich-moralischen Zustand der Welt, spricht Bärlach im literarischen Text aus: „Was in Deutschland geschah, geschieht in jedem Land, wenn gewisse Bedingungen eintreten. Diese Bedingungen mögen verschieden sein. Kein Mensch, kein Volk ist eine Ausnahme.“ [104)]

Vor diesem Hintergrund liefern die Lebensbeichten der Marlok und Gullivers, das „Credo“ Emmenbergers und selbst Bärlachs Schweigen die Konturen für eine Zustandsbeschreibung. Dürrenmatt fühlt sich nicht zum ideologischen Heilsbringer berufen.

---

102) Heinrich Goertz, Friedrich Dürrenmatt, S. 39
103) Jan Knopf, Friedrich Dürrenmatt, S. 57
104) GW 4/S. 203

Seinem Misstrauen verfallen jedwede organisierten Massen. So erkennen wir ein Wort Gullivers im Schlusskapitel als Dürrenmatts eigenes Credo: „„Wir können nur im einzelnen helfen, nicht im gesamten, die Begrenzung des armen Juden Gulliver, die Begrenzung aller Menschen. So sollen wir die Welt nicht zu retten suchen, sondern zu bestehen, das einzige wahrhafte Abenteuer, das uns in dieser späten Zeit noch bleibt." [105]

Eine verschwommen-übernationale Attitüde ist dem kritischen Ansatz fremd, wie handfeste Bezüge auf Autobiographisches sowie den Schweizer und speziell den Berner Lebensraum bekunden.

Das Salemspital kommt vor und das Züricher Schauspielhaus. Vom Kiental aus waren Emmenberger, Hungertobel und die anderen jungen Mediziner ins Blümlisalpmassiv aufgestiegen. Im Kiental pflegt der Student Dürrenmatt die Semesterferien zu verbringen. Bärlach erschrickt über das Zeitungsdatum des 5.Januar. Es ist des Dichters Geburtstag. Fortschig heißt Ulrich Friedrich mit Vornamen, Ulrich wie Dürrenmatts schriftstellernder Großvater, Friedrich wie der Dichter selber.

Spott und Hohn ergießen sich über das Emmental im Kanton Bern. Da ist unverkennbar ein Namensanklang in „Emmenberger"; die unsägliche Schwester Kläri stammt aus Biglen, das wie Dürrenmatts Geburtsort Konolfingen im Emmental liegt. Gullivers minderwertiger Kartoffelschnaps hat in einem verlotterten Bauernhaus im Emmental seinen Ursprung.

Wie schon in „Der Richter und sein Henker" wird der „bernische Nährboden" (Spycher) des Geschehens allenthalben unterstrichen.

Die Kontrahenten Bärlach und Emmenberger sind Berner. Der betrunkene Kommissär grölt in der Stille der Nacht den Berner Marsch. Sein Misstrauen gegenüber studierten Frauen gilt erklärtermaßen als Berner Wesensart. Endlich sind die Selbstkarikatur Dürrenmatts als Literat Fortschig und die Spottbezeichnung einer sturen Fanatikerin im Bernischen beheimatet:

„Schwester Kläri Glauber ist eine geradezu wütend skizzierte Karikatur einer verfluchten Emmentaler Sektiererin, die sich zu

---

105) GW 4/S. 264

einer gemütlich aussehenden Henkerin Emmenbergers hat machen lassen, und zwar nicht aus Zwang und Verzweiflung, sondern aus abgründiger religiöser Dummheit und Verbohrtheit" [106] wertet eine Analyse.

Man stelle sich dieses „Ungeheuer an Biederkeit" ins Politische gewendet vor, und es ergibt sich ein handfestes Stück Zeitsatire.

In der Position des Erzählers spürt man die Reserve einer ironischen Distanz zur Detektivfigur. Diese schwingt leise mit im Stimmungshaften und bricht gelegentlich auf zu schierem Sarkasmus wie beim Absingen des Berner Marsches im nachtstillen Spital oder dem selbstzufriedenen Vorhaben, die Schwester Kläri zu „bearbeiten". Sie findet ihre unverstellte Ausprägung im Urteil Gullivers über den Detektiv: „Die Zeiten sind vorüber, wo es genügt, etwas scharfsinnig zu sein, um die Verbrecher, mit denen wir es heute zu tun haben, zu stellen. Du Narr von einem Detektiv; die Zeit selbst hat dich ad absurdum geführt!" [107]

Aus einer zwar überschauenden Erzählperspektive, ohne jedoch markant aus der zeitlichen Ebene der Handlungsgegenwart herauszutreten, teilt sich der Erzähler mit.

In der Sprachhaltung des „Verdachts" findet sich der schon vom ersten Roman her vertraute Reichtum an Bildern und atmosphärischer Dichte neben Personen - beschreibungen von eindrucksvoller Konturenschärfe. Diese geschehen bei Fortschig und der Schwester Kläri mit meisterhaft gehandhabten Mitteln der Karikatur, sichtlich beeinflusst von der anderen Begabung Dürrenmatts , dem Talent zum Zeichnen.

Einige ausgewählte Sätze mögen dafür stehen: „Die Augen funkelten unter buschigen Brauen, die starke Hakennase schien zu groß für das Männchen, und der Mund darunter war erbärmlich eingefallen, denn die Zähne fehlten." (GW 4/S. 178) „Schwester Kläri wackelte bedächtig mit ihrem roten fleischigen Kopf." (GW 4/S. 211)

„Wieso?' fragte Bärlach verblüfft, das Ungeheuer an Biederkeit anstarrend, das an seinem Bette stand, die Hände über dem Bauch gefaltet, strahlend und überzeugt." (GW 4/S. 228)

---

106) Peter Spycher, Friedrich Dürrenmatt. Das erzählerische Werk, S. 189
107) GW 4/S. 260

Dürrenmatts Handhabung syntaktischer Mittel würdigt Reiner Poppe: „Sie wechseln zwischen lapidarer Kürze verbunden mit sachlich anschaulicher Prägnanz und beinahe kokettierend ausschweifender Weitläufigkeit (Aufzählungen, mehrfache Subordinationen). Fast klassische Strenge und Kargheit stehen neben üppig ausladenden Gedankenreihungen. Im ganzen aber bleiben die Sätze überschaubar ... Trotz mancher behaglich breit entwickelter Sätze bleibt Dürrenmatt immer nahe an der gesprochenen Sprache. Es zeigt sich stets der Dramatiker neben dem Erzähler, dies ganz entschieden in den Dialogen beider Romane. Stets ist ein kalkulierter Bezug zur Sache auszumachen.“ [108)]

Die Nähe zwischen dem Bühnen- und dem Prosaautor bekommt auch der Romankomposition ausgezeichnet. Wir finden gleichsam einfunktionierte Instrumente der Dramaturgie:den ersten Tag relativen Wohlbefindens, jenen 27. Dezember, als Exposition; das Life-Foto als erregendes Moment; den Wechsel Bärlachs vom Ermittler zum Opfer als Peripetie und in dem Tauschangebot Emmenbergers ‚Bekenntnis gegen Freiheit‘ eine Art retardierendes Moment. Dass Gulliver in der Tradition des antiken ‚Gottes aus der Maschine‘ den dramatischen Knoten löst, ist schon an anderer Stelle erwähnt worden. Zehn Kalendertage umfasst die ‚Spielgegenwart‘ bis zu jener Rettung [109)], und wenn man die Überführung des Patienten nebst der Aufnahmeuntersuchung einmal beiseite lässt, finden sich lediglich zwei Handlungsschauplätze in den beiden Kliniken, die wiederum den zwei Roman-‘Akten‘ zugeordnet sind.

Da die Handlung ohne Zweifel eine in sich geschlossene Begebenheit darstellt, liegt es nahe, sich an die drei Einheiten des Aristoteles – Zeit, Ort und Handlung – erinnert zu fühlen.

In den nämlichen Zusammenhang gehören auch Motive und Symbole, die den Roman durchweben, wie folgende Beispiele

---

108) Reiner Poppe, Friedrich Dürrenmatt ..., S. 68.

109) Heinrich Goertz formuliert in seiner Romananalyse: „... es ist Abend, und morgen früh pünktlich um sieben soll das mörderische Operieren beginnen.“ (Friedrich Dürrenmatt, S. 36); dieser Zeitpunkt ist falsch. Man vergleiche dazu GW 4/S. 246: „‚Es ist heute Donnerstag‘, sagte er, ‚Da nehmen wir Ärzte einen freien Nachmittag, nicht wahr‘.“ – Der Eingriff ist vorgesehen für den 6. Januar 19 Uhr abends. Emmenbergers Ankündigung erfolgt am späten Vormittag. Dr. Mariok hat Bärlach also die Zeitung vom Vortage gebracht.

ausgewählt verdeutlichen: Teuflisches bricht aus Emmenberger in der Berghütte; Gulliver hat man von einer Hölle in die andere geschleppt; die teuflischsten Qualen hat Nehle ausgeheckt, in die unterste Hölle musste Gulliver tauchen; der SS-Arzt schien in der Hölle nur fakultativ angestellt; ein armer Teufel ist Fortschig, der Höllenfürst hingegen Emmenberger; Dürers ‚Ritter, Tod und Teufel' will Bärlach ins Zimmer haben; durch die Hölle von Stutthof ist die Marlok gegangen; der ‚Sonnenstein' gilt ihr als Hölle der Reichen; es mache durstig, in der Hölle zu leben, beteuert der Jude.

Symbolisch sind die beiden Handlungsorte durch die Witterungsverhältnisse unterschieden. In Bern herrscht milde Wintersonne, Zürich wird von unangenehmem Schneeregen heimgesucht.

Wenngleich uns der „Verdacht" weitgehend jenes Einswerden mit dem Detektiv vorenthält, bei dem sich der Leser „am Ariadnefaden der Deduktion den Weg durchs Labyrinth bahnt", [110] zählt er unzweifelhaft zum Lesenswerten unter der Rubrik ‚Kriminalroman'.

110) Eckhard Finckh (Hg.), Theorie des Kriminalromans, S. 25

DIE PANNE

Zeit-Punkte

1955 „Die Panne" als Hörspiel; ob zuerst eine Prosafassung vorgelegen hat, ist mit letzter Eindeutigkeit nicht geklärt

1956 17. Januar; Erstsendung im Bayerischen Rundfunk; Erzählung „Die Panne"[111)]

1957 Hörspielpreis der Kriegsblinden für „Die Panne"; Februar: Fernsehspiel „Die Panne", Regie: Fritz Umgelter

19S8 Literaturpreis der „Tribune de Lausanne" für „Die Panne"; Dezember: italienische Dramatisierung, gedruckt in „Il Dramma" Turin

1960 Bühnenbearbeitung durch den Amerikaner James Yaffe, die unter dem Titel „The Deadly Game" im Februar am New Yorker Broadway im Longacre Theater uraufgeführt wird, Regie: William Gaskill

1972 Italienische Verfilmung des Stoffes unter dem Titel „La più bella serata della mia vita"; Regie: Ettore Scola ; mit Alberto Sordi, Charles Vanel, Michel Simon, Pierre Brasseur, französische Synchronfassung: "La plus belle soirée de ma vie"; deutscher Titel: „Die schönste Soirée meines Lebens „

1979 Komödienfassung von „Die Panne", Uraufführung am 13. September im Komödienhaus Wilhelmsbad/Hanau

1984 September: Erstaufführung von „Die Panne" im Théâtre Le Carré Silvia Monfort, Paris, Regie: Oscar Fessler; mit Silvia Monfort als Justine von Fuhr

---

111) Diese Angabe folgt Heinrich Goertz (a.a.O., S. 57). Andere Interpreten gehen aus von der Vorläuferschaft des Prosatextes; so nennt Jan Knopf 1955 als Entstehungsjahr der Novelle „Die Panne". Auch Spycher vermutet, die epische Fassung sei früheren Datums (vgl. S. 269 f.) Die Werkausgabe in sieben Bänden nennt dagegen eindeutig die Erzählung eine „später umgearbeitet(e)" Fassung (Begleitheft S. 39).

Die Story

Alfredo Traps befindet sich mit seinem rotlackierten Studebaker noch etwa eine Autostunde von daheim entfernt, als den Textilreisenden eine Störung der Benzinzufuhr an der Weiterfahrt hindert. Es ist gegen sechs Uhr am Abend, der Tag war heiß, und eine halbe Stunde wäre zurückzulegen, um den nächsten Bahnhof zu erreichen. So beschließt Traps, am Orte zu verweilen und im bekannten Gasthof des Dorfes zu übernachten. Womöglich würde sich Gelegenheit finden für ein kleines erotisches Abenteuer. Doch nicht nur der unter Reisenden oft gerühmte Gasthof erweist sich als belegt, sondern auch alle anderen. Eine Tagung der Kleinviehzüchter wird gerade abgehalten. So weist man den Quartiersuchenden nach einer Villa, wo hin und wieder Leute aufgenommen werden.

Ein kleiner, betagter Herr, den er bei leichter Gartenarbeit vorfindet, bietet ihm Nachtlager an und lädt ihn obendrein zum Abendessen in der Gesellschaft einiger befreundeter Pensionäre ein, die für den gleichen Abend erwartet werden, und dies alles umsonst. Traps, der auf andere Genüsse aus ist, nimmt notgedrungen auch die Abendeinladung an. Er heuchelt sogar Freude, doch seine Laune sinkt immer mehr, als er an Hand der Bücher in dem ihm zugewiesenen Zimmer herausfindet, sein Gastgeber sei wohl ein früherer Jurist. Von dem bevorstehenden Herrenabend erwartet er kaum anderes als trockene Erörterungen, wohl gar über Kunst, von der Traps absolut nichts versteht. So verlässt er sein Zimmer und begibt sich in die Gesellschaft der Greise, mit denen ihn der Hausherr bekannt macht. Sie tragen Gehröcke und gleichen alten Raben: der siebenundsiebzigjährige Pilet, der zweiundachtzigjährige Kummer, der sechsundachtzigjährige Zorn.

Es stellt sich heraus, dass sie Abend für Abend zusammenkommen, um gleichsam wieder in ihre früheren Berufe zu schlüpfen. Sie spielen Gericht und nehmen auf ihre eigene Weise berühmte historische Prozesse durch. Am liebsten aber haben sie es, wenn zeitgenössische Fälle zur Beratung anstehen. Das geschieht immer dann, wenn in Gestalt eines eingeladenen Durchreisenden ein neuer Mitspieler für die Rolle des Angeklagten zur Verfügung steht. So haben die alten Herrn erst am vorgestrigen Tage einen wahlkämpfenden Parlamentarier zu vierzehn Jahren Zuchthaus wegen Erpressung und Bestechung verurteilt.

Der Hausherr war früher Richter, Herr Zorn war Staatsanwalt und der Herr Kummer seines Zeichens Advokat. Der schweigsame Herr Pilet, Ochsenwirt aus dem Nachbardörfchen, verrät erst später seine Verbindung zur Gerichtsbarkeit. Er war im Nebenberuf der Henker des Nachbarländchens. Für Traps bleibt mithin nur die Rolle des Angeklagten. Er beschließt, das Ganze als einen großen Spaß zu nehmen und den Abend als gerettet anzusehen.

Seine Frage nach dem zur Last gelegten Verbrechen erntet nur Gelächter. Ein solches, so wird ihm bedeutet. lasse sich immer finden.

Man betritt das der Veranda benachbarte Speisezimmer, in dem der festlich gedeckte Tisch wartet. Jetzt erst beginnt die eigentliche Handlung.

Zunächst finden sich Traps und der Verteidiger zu einem vertraulichen Gespräch zusammen. Herr Kummer rät, freiwillig irgendeine Tat zu gestehen. Das verbessere die Ausgangssituation. Man müsse sich dann keinen Schuldvorwurf aufzwingen lassen .

Doch Traps wähnt sich unschuldig .Energisch warnt ihn der Advokat vor leichtfertigem Gerede. Dadurch könnte eine Situation entstehen, in der ihm nicht mehr zu helfen wäre.

Die übrigen Herren betreten den Raum. Die Vorspeisen werden serviert. Dass Traps jeglichen Schuldvorwurf zurückweist, löst höchste Verwunderung aus. Beim Fisch beginnt der Staatsanwalt das Verhör zur Person des Angeklagten.

Traps Bemerkung über seine Zugehörigkeit zur Schlaraffia und den Spitznamen „Marquis de Casanova“ lässt die alten Herren pikante Geschichten wittern. Er muss von seinem Leben erzählen. Doch statt erotischer Anekdoten breitet sich der selbstgefällig vorgetragene Erfolgsweg eines Mannes aus, der aus proletarischem Milieu kommend , zum wohlbetuchten Alleinvertreter für den textilen Kunststoff „Hephaiston“ aufgestiegen ist, wobei ihm lediglich der Bildungsabschluss der Primarschule zu Gebote stand.

Indessen nimmt das Tafeln und Trinken seinen lebhaften Fortgang. Wie der berufliche Aufstieg denn möglich war, will der Staatsanwalt wissen. Der Verteidiger mahnt zur Vorsicht. Traps berichtet, er habe zuerst seinen früheren Chef Gygax besiegen müssen. Es stellt sich heraus, dass Gygax, kurz bevor Traps seinen Posten erhalten hatte, im vergangenen Jahr mit zweiundfünfzig Jahren verstorben ist.

Alle scheinen aufzuatmen. „Ein Toter ist aufgestöbert, und das ist schließlich die Hauptsache“ [112] merkt der Staatsanwalt an. Zur Feier dieser Entdeckung geht man zu einem Pichon-Longueville 1933 über.

Die Dämmerung bricht an. Wohlbehagen empfindet Traps, und die Mahnung seines Verteidigers zur Vorsicht will ihm grotesk erscheinen. Er hat sich das Spiel feierlicher, eben gerichtsmäßiger gedacht, so dass ihm die faktische Verhörsituation noch gar nicht bewusst geworden ist. Der Richter hält dagegen, man habe sich hier von allem freigemacht, was den Ablauf professioneller Verhandlungen belaste: „Wir richten ohne Rücksicht auf die lumpigen Gesetzbücher und Paragraphen.“ [113] Der Verteidiger führt Traps zu einem vertraulichen Gespräch in den Garten. Mit dem Auftauchen das toten Gygax habe der Verlauf der Verhandlung eine geradezu bedrohliche Wendung genommen. Traps ist von dem Spiel begeistert. Man müsse Ähnliches unbedingt in der Schlaraffia einführen. Sein Anwalt stimmt zu. Auch ihm und den Mitspielern sei das Spiel zum „Gesundbrunnen“ geworden, und „die Hormone, die Mägen, die Bauspeicheldrüsen kamen wieder in Ordnung“. [114]

Voller Stolz hebt er hervor, dass man abweichend von der staatlichen Justiz auch die Möglichkeit der Todesstrafe habe. Sogar ein Henker sei da: Pilet, der Ochsenwirt. Traps will es unheimlich werden.

Dann aber siegen die Sommernachtsstimmung und der genossene Wein über die furchtsame Anwandlung. Traps findet nun sogar „der Abend wäre ohne Henker weniger lustig und ergötzlich.“ [115]

---

112) GW 5/S. 289
113) GW 5/S. 290
114) GW 5/S. 293
115) GW 5/S. 295

Das Gespräch wendet sich wieder dem Fall zu. Wie er denn Gygax umgebracht habe, will der Verteidiger wissen, ein Mord erst bringe ihn wirklich in Hochform. Traps müsse die falsche Taktik aufgeben, den Unschuldigen zu spielen; denn „zu gestehen hat man immer was". [116] Der Angeklagte beginnt, es als besonderen Reiz des Spektakels zu empfinden, dass ihm dabei unheimlich und gruselig zumute wird: „Das Spiel droht, in die Wirklichkeit umzukippen." [117]

Er frage sich auf einmal, ob er nicht doch Schuld trüge an Gygax Tod.

Wie um sich selbst zu disziplinieren, stellt Traps kategorisch fest: „Ich bin unschuldig am Tode des alten Gangsters. Wirklich." [118]

Im Speisezimmer warten köstliche Hähnchen und ein Château Pavie 1921 . Bevor Traps zur Tafel zurückkehrt, versichert er den ehemaligen Henker Pilet seiner besonderen Wertschätzung, was den so Angesprochen heftig geniert.

Das Verhör durch den Staatsanwalt wendet sich der Ursache für Gygax Ableben zu. Gift, Kugel und vorgetäuschter Unfall scheiden aus.

Das „Opfer" ist am Herzinfarkt gestorben, am zweiten – um genau zu sein. Traps weiß das von Frau Gygax. Der Verteidiger gerät schier aus dem Häuschen, ob dieses leichtsinnigen Geständnisses. Doch sein Mandant scheint nicht zu bremsen. Jawohl, bekennt er, Frau Gygax sei seine Geliebte gewesen.

Daraufhin geraten die Herren in juristische Begeisterung. Nur der Anwalt scheint verzweifelt angesichts dieses Quasi-Geständnisses. Ein langer – für Traps unverständlich bleibender – Disput um rechtliche Kernbegriffe hebt an. Auf einmal will der Staatsanwalt wissen, ob er noch immer mit Frau Gygax befreundet sei. Als der Reisende das verneint, erreicht die juristische Aufgeregtheit einen neuen Höhepunkt: „Es kommt zum Todesurteil." [119]

---

116) GW 5/S. 296
117) GW 5/S. 296
118) GW 5/S. 296
119) GW 5/S. 198

Zunächst freilich gilt es, einem neuen Spitzenwein die Ehre anzutun: Château Margaux, Jahrgang 1914. Sein Korken wird Traps feierlich zum Andenken an den gelungenen Abend zugeeignet.

Die Beweisaufnahme scheint jetzt abgeschlossen, denn der Richter fordert vom Staatsanwalt die Anklagerede. Neue Kerzen werden gebracht. Von Mord spricht der Ankläger. Traps will protestieren, besinnt sich dann aber eben noch rechtzeitig auf die Tatsache, dass alles ein Spiel ist und rettet sich in übertriebenes Gelächter.

Der Staatsanwalt feiert ihn als voraussichtlichen Täter, den ein wohlmeinendes Geschick in ihre Mitte geführt habe und trinkt ihm zu. Traps dankt bewegt und versichert, es sei sein schönster Abend. Ankläger und Angeklagter sinken sich bewegt in die Arme und gestehen einander das Du zu.

Gerührt hört Traps, wie der sechsundachtzigjährige Staatsanwalt die Schönheit des Verbrechens an Gygax im philosophischen und technisch-virtuosen Sinn würdigt. Er fühlt sich vom reichlichen Mahl ermattet, von der ihm begegnenden Herzlichkeit geschmeichelt und von des Anklägers einfühlsamer Rhetorik gebannt.

Dieser entwickelt in den Grundzügen folgende Theorie: Gygax war eine typische Figur der Konjunkturgesellschaft, rücksichtslos gegenüber Untergebenen und wenig bedenklich in der Wahl seiner geschäftlichen Mittel. Nach außen spielte er den Kraftkerl, sein schweres Herzleiden sorgsam verbergend. Obwohl er seine anziehende Ehefrau physisch vernachlässigte, wähnte er sich ihrer Treue doch absolut sicher – vor allem aus Selbstüberschätzung. Das Bekanntwerden ihres Seitensprunges mit Traps musste ihn hart treffen, wie dieser wohl wusste.

Aus dem Angeklagten fragt der Staatsanwalt das Eingeständnis heraus, er habe ohne an Rücksichtnahme gegenüber Gygax zu denken, einem von dessen Geschäftsfreunden die Liaison anvertraut, wohl wissend, dass sein Gegenüber ihm, Traps, nicht eben wohlgesonnen sei, mit seiner Diskretion mithin nicht zu rechnen wäre.

Die Versuche des Verteidigers, seinen Mandanten zum Schweigen zu veranlassen, bleiben vergeblich. So löst Traps Bekenntnis erneut die geradezu wüste Begeisterung des Gerichts aus.

Von der Lehne eines Stuhles herab setzt der Staatsanwalt seine Anklagerede fort. Er zeichnet Traps Entwicklung vom Proletarierkind zum erfolgreichen Generalvertreter nach. Der so Abgebildete beginnt, sich mit den Augen seines Anklägers zu sehen: „Ich fühle mich verstanden und beginne auch mich zu verstehen, als mache ich mit einem Menschen Bekanntschaft, der ich selber bin. ...“[120)]

Der Ankläger fährt fort mit der ahnungsvollen Darstellung davon, wie das Beischlafverhältnis zu Frau Gygax einherging mit unlauteren geschäftlichen Manipulationen, die sich gegen den betrogenen Ehemann richteten, um ihn unfehlbar zu ruinieren, bis hin zu jenem Augenblick, der geeignet erschien. die gezielte Indiskretion an den geeigneten Transporteur zu bringen. Schließlich malt er noch die Todesstunde des Opfers und Traps heimlichen Jubel beim Empfang der Nachricht am Telephon aus.

Heiterkeit belohnt die schlüssige Pointe. Auch Traps lacht mit, ein wenig nachdenklich zwar, aber ohne jene Furcht, die ihn vorher gelegentlich überkommen hatte.

Man wechselt in den Salon hinüber zum schwarzen Kaffee. Gesprächsweise bringt der Reisende ein paar Korrekturen an. Äußerlichkeiten betreffend, aber im Grundsätzlichen stimmt an den Ausführungen Kurtchens, des Staatsanwaltes, alles.

Bei einem Kognak Raffinac aus dem Jahre 1893 fordert der Staatsanwalt die Todesstrafe angesichts eines böswilligen Vorsatzes – dolo malo – mit dem die Tat begangen worden sei , „als Belohnung für ein Verbrechen, das Bewunderung. Staunen, Respekt verdiene und ein Anrecht darauf habe, als eines der außerordentlichsten des Jahrhunderts zu gelten.“ [121)] Beifall belohnt diesen Antrag.

Traps fühlt sich friedlich, gewürdigt als Urheber einer beachtenswerten Mordtat. Und so verfolgt er mit Verwunderung zunächst, später sogar entrüstet das Plädoyer seines Verteidigers, der sich redlich müht, aus einem eingestandenen Mord bei auch seinerseits zugegebener, zeitgemäßer Gaunerhaftigkeit des Angeklagten, einen keineswegs genialisch vorgeplanten Unglücks-

---

120) GW 5/S. 311
121) GW 5/S. 316

fall werden zu lassen. Traps sieht sich abgebildet als einer, der den normalen Gesetzen des Geschäftlebens gefolgt ist – nicht mehr und nicht weniger. Sein Geständnis sei zusätzlich zur Autopanne eine geistige

Panne , hervorgelockt durch das Raffinement des Staatsanwalts. Der Antrag lautet daher:Freispruch.

Traps protestiert. Er bekennt sich erneut zu den Darlegungen des Anklägers. Der Verteidiger hingegen habe ihn tief enttäuscht.

Der Richter, indessen sturzbetrunken, klettert in den geöffneten Flügel und verkündet von dorther nach längerer, teilweise verworrener Begründung schließlich das Todesurteil .

Traps vernimmt es unter dankbaren Tränen. Der Richter schließt mit dem Bemerken „Alfredo sei ihnen jetzt ebenbürtig und würdig geworden, in ihr Kollegium als ein Meisterspieler aufgenommen zu werden ."[122)]

In allgemeiner, champagnerseliger Verbrüderung wird die Trunkenheit vollkommen. Endlich versucht Pilet, den müden Traps nach oben zu bringen. Doch die Trunkenheit überwältigt ihn mitten auf der Treppe. So kriecht Traps allein die restlichen Stufen hinauf. Etwas später poltert ein Stuhl.

Die Zurückgebliebenen haben inzwischen unter Mühen ein Pergament in gewundener Juristensprache mit dem Todesurteil vollgekritzelt. Als Erinnerung an den gelungenen Abend soll es Traps auf das Bett gelegt werden. Unter unsäglichen Anstrengungen erklimmt man die Treppe. Im Zimmer finden die Greise ihren Gast am Fensterkreuz erhängt vor. Der Staatsanwalt ist schmerzlich bewegt: „Du verteufelst uns ja den schönsten Herrenabend!" [123)]

---

122) GW 5/S. 324
123) GW 5/S. 326

Traps und die Greise des Rechts

In seiner Untersuchung zur „Panne“ merkt Spycher an: “... dass der Autor durch alle vier Greise zusammen repräsentiert ist und dass er sich selber in ihnen leicht ironisiert ....“ [124)]

Man darf mithin unterstellen, in den vier präsentierten Individualitäten verkörpere sich Dürrenmatt ´sche Selbstsicht in wesentlichen Zügen.

Der Leser empfindet das Bekanntwerden mit den alten Herren zunächst als denkbar harmloses Ereignis. Sie marschieren herbei, auf das gepflegte Anwesen ihres gleichfalls recht harmlos wirkenden Gastgebers zu, zwei von ihnen Arm in Arm, ein dritter kurz hinterdrein.

Man spricht über Rosen, ist eine Nuance zu feierlich, will es scheinen, in Gehröcke von bester Qualität gehüllt, die imposant wirken, aber nicht eben sauber sind.

Mit ungeheuren Raben vergleicht sie der Autor, und der Bezug auf märchenhaft Symbolisches ist kaum zu übersehen, gilt doch der Rabe , dieser geistig regsame Allesfresser, als Vogel Wotans in der germanischen Sage, im Märchen von den „Sieben Raben“ als Wandelgestalt verwunschener Brüder und als Unglücks- oder Galgenvogel im deutschsprachigen Sinngebrauch.

Das spätere Heraustreten der vier Alten aus der Harmlosigkeit, ihre fortschreitende Selbstentfesselung und ihr zuchtloser Umgang mit gesellschaftlichen Normen bleibt diesem Bilde so verbunden wie ihre wilde Vitalität und ekstatische Gefräßigkeit.

Von Jahren her allesamt dem Tode nahe, vereinigten sie mannigfache Altersleiden auf sich, bis eines Tages jenes Spiel erfunden wurde, zu dem sie sich mehrmals in der Woche zu versammeln pflegen: Sie dienen der Gerechtigkeit. Dem Namen nach war das ihre Lebensberufung seit eh und je.

Doch gleichsam befangen in permanenter Selbstvergewaltigung, gebunden an Gesetze, Paragraphen, Formaljuristisches, Schriftkram eben, ist es dazu nie gekommen.

---

124) Peter Spycher, Friedrich Dürrenmatt. Das erzählerische Werk, S. 253

Als ein trübes Handwerk haben sie die Juristerei empfunden, solange ihre Berufe sie unter das Joch formelgebundenen Rechts zwangen. Erst jetzt ist den Greisen Selbstverwirklichung beschieden, im Alter als Pensionäre von einiger Wohlhabenheit, die es sich erlauben können , „ohne Rücksicht auf die lumpigen Gesetzbücher und Paragraphen“ [125] einem privaten Gerechtigkeitsbegriff zu klarer Geltung zu verhelfen im Rahmen ihres Spiels. Es wird den alten Herren zum Jungbrunnen, es bringt Befreiung von den psychosomatischen Manifestationen jahrzehntelanger beruflicher Einengung. Kreislauf-, Magen- und Stoffwechselbeschwerden haben sich verflüchtigt, die Freude am guten Essen und Trinken ist zurückgekehrt, ihre geistigen Potenzen haben sich aufgefrischt. Nicht länger leben die Pensionäre als Rekapitulanten ihrer selbst.

Bedeutende Gegenstände wählen sie für ihre nachprüfenden Verfahren : Prozesse um Friedrich den Großen – man erklärt ihn für unzurechnungsfähig –, Sokrates, Jesus, Jeanne d‘ Arc, Dreyfuß und den Reichstagsbrand.

Besonderen Reiz haben Prozesse, die den Appetit auf Unverbrauchtes stillen, an denen zufällige Gäste wie Alfredo Traps als Angeklagte teilnehmen. Dann bilden die alten Herren Untersuchungs- und Urteilsinstanz in einem.

Dann laufen sie zu großer Form auf, verfechten mit Leidenschaft ihre wechselseitigen Standpunkte , zelebrieren ekstatische Ausbrüche, betrinken sich mit gesteigerter Vehemenz und stillen eine gigantische Fresslust.

Ihre Gerechtigkeit hat andere Voraussetzungen als das offizielle Recht: Sie sehen jedermann als potentiell verdächtig an , kennen die Todesstrafe – der Henker ist als verfettetes Memento immer dabei –, erblicken im Verbrechen nichts Unschönes oder Schreckliches, sondern etwas, das in seiner eigenen Vollkommenheit zur Vorbedingung für die Gerechtigkeit wird und dessen technische Schönheit Würdigung verdient. Der Angeklagte wird zum Mitschöpfer wahrer Gerechtigkeit , zum geachteten Partner, der aus Einsicht in seine Schuld zu menschenwürdiger Verantwortungsbereitschaft findet. So kann sich selbst das Todesurteil in die “Belohnung für die Verbrechen“ [126] verwandeln – ganz wörtlich gemeint.

---

125) GW 5/S. 290
126) GW 5/S. 316

Nichts wäre unrichtiger, als die vier alten Herren in eine Sehnsucht nach vergangenen Berufsjahren hineinzuinterpretieren. Ihr Spiel gleicht vielmehr einer abrechnenden Auseinandersetzung mit dem, was sie einst sein mussten; es schafft, die offizielle Justiz überwindend, eine private, schrullige und groteske Gerechtigkeit. Ihre angestammten Berufe als Staatsanwalt, Verteidiger und Richter, dies gilt sogar für den Henker, erfahren gleichsam eine späte Aufwertung.

Kurt Zorn ist der eigentliche Erfinder des Spiels. Er war **Staatsanwalt.** Lang, hager, monokelbewehrt, mit Hakennase, Schmissen im zuweilen hochroten Gesicht und schlohweißer Löwenmähne, bleibt er gleichsam in einer vergangenen Zeit verwurzelt als eine vorgestrige Erscheinung.

Rhetor von hohen Graden, zitiert er in Augenblicken juristischer Euphorie abwechselnd griechische, lateinische oder Verse der deutschen Klassik mit schnarrender Stimme und großen Gesten.

Er schien schon auf dem Totenbette zu liegen, als ihm der rettende Einfall zu diesem Spiel kam.

Wenngleich die falsch zugeknöpfte Weste und zwei verschiedenfarbige Socken auf altersbedingte Defizite aufmerksam machen, lassen Scharfsinn und Einfühlung seiner Anklagerede keinerlei Wünsche offen. Zumal der Angeklagte bewundert sie schrankenlos.

Wie sehr sich der sechsundachtzigjährige Jurist echauffiert, wird deutlich, wenn er sogar auf den Stuhl klettert in einem besonders emotionsgeladenen Augenblick des Prozesses.

Mitspieler und Widerpart ist der nur vier Jahre jüngere **Verteidiger** Kummer. Eine reiche Klientel hat dem zweiundachtzigjährigen Junggesellen zu mehr als auskömmlichen Verhältnissen verholfen. So ist er der Mäzen des Spiels geworden, sein Geldgeber.

Blutdruckprobleme haben ihn sehr geplagt, bevor man damit anfing. Doch auch sein Zustand hat sich gebessert, obwohl eine ansehnliche Säufernase, horrendes Übergewicht und seine augenscheinliche Vorliebe für Parisiennes, schwarze französische Zigaretten, kaum die besten Voraussetzungen dafür signalisieren.

Zwar trägt er zum Gehrock – wohl aus Vergesslichkeit – das Nachthemd. Dennoch strahlt seine Erscheinung vertrauenswürdige Jovialität aus. Zum goldenen Zwicker passt seine ein wenig dozierende Redeweise. Auch er geht vollkommen in dem Spiel auf, nicht minder kenntnis- und fintenreich als der Staatsanwalt, nicht minder aufgeregt, wenn sich der Prozessablauf zuspitzt. Gelgentlich trommelt er dann mit den Fäusten an die eigenen Schläfen.

Es ist seine persönliche Tragik, im Falle des Generalvertreters auf einen wenig kooperativen Angeklagten zu treffen. So wird er juristisch besiegt vom Staatsanwalt.

Doch wie man zu Beginn Arm in Arm den Schauplatz des Prozesses betreten hat, vereinigen sich Staatsanwalt und Advokat mit den übrigen Beteiligten am Ende in unmäßiger Betrunkenheit.

Der Quartiergeber für das Spiel war einst Richter. Seinen Namen erfährt der Leser nicht. Kleinwüchsig, von schmächtiger Statur, ist er der Älteste in der Runde mit siebenundachtzig Jahren, steht aber den Mitspielern an Vitalität nicht nach.

Sein hübsches, einstöckiges Landhaus ist gutbürgerlich eingerichtet. umgeben von einem Garten, in dem Rosen das Bild prägen. Der Hausherr selber pflegt ihn liebevoll. Traps trifft ihn zunächst an bei der Gartenarbeit. Eine Brissago-Zigarre rauchend, mustert der pensionierte Richter den Ankömmling durch eine kleine randlose Brille, die seine Weitsichtigkeit korrigiert.

Auch er hat sich mit Hilfe des Spiels gleichsam gerettet. Verdacht auf Magenkrebs – sichtlich ein Bärlach-Zitat – begleitete seinen körperlichen Verfall, bis das Spiel alles änderte. Der Gehrock ist ihm darüber zu weit geworden und wirkt im Verein mit dem spärlichen , aber sorgfältig gebürsteten Greisenhaar jetzt geradezu geckenhaft. Die Neugier auf den Fall dieses Gastes belebt ihn sichtlich. Zwar steht er nicht ganz allein auf der Welt. Sein Sohn lebt in Amerika. Aber auch eine Haushälterin wie die handfeste Simone – mag sie noch so gut kochen können – ist auf die Dauer nicht genug Gesellschaft für einen kenntnisreichen Juristen ,als den ihn ein wohlbestücktes Regal mit Büchern ausweist, das in Traps Zimmer steht. Die Prozesse werden auch für ihn zum Lebenselixier; das zeichnet sich sinnfällig ab, wenn er auf dem Höhepunkt der Beweisführung vor Freude gleichsam zum Kinde wird und abenteuerliche Schattenspiele an der Zimmerwand vollführt.

Gleich darauf zelebriert er freilich in der Manier des kultivierten Genießers das zeremonielle Entkorken eines Spitzenweines.

Zur Urteilsverkündung, merkwürdig genug in seinem Alter , klettert er in den geöffneten Konzertflügel. [127] Seine Rede wird ein wenig lallend mit zahnlosem Munde vorgetragen, auch ist sie ziemlich von der Trunkenheit verwirrt. Immerhin lässt sich das in ihr enthaltene Credo des Spieles ausmachen.

Das Todesurteil erscheint danach gleichsam als Ritterschlag für Alfredo Traps, ihn gleichberechtigt in die Reihen der vier Meisterspieler zu integrieren.

Auch den Richter umfängt schließlich der allgemeine bombastische Rausch.

Der vierte im Bunde ist Pilet. Man weiß nie genau, ob er bloß Komparse ist im juristischen Spiel oder tatsächlich eine Rolle verkörpert. Wie die anderen ist er verwitwet, obwohl mit eben siebenundsiebzig Jahren der Benjamin des Quartetts.

Mit dem juristischen Handwerk verbinden ihn frühere Dienstleistungen. Vor mehr als zwanzig Jahren hat er das Amt des Henkers im Nachbarländchen versehen – nebenberuflich, versteht sich, denn es gab nicht genug Delinquenten, um von deren Sterben leben zu können. Nachgeblieben aus jener Zeit sind ihm „Erinnerungen an versunkene Schrecken“ [128] die seine betrunkenen Träume heimsuchen.

Offenbar besteht seine literarische Funktion vor allem darin, präsent zu sein in der Erzählung als eine Art Katalysator, der die Atmosphäre verdichtet, prosignifikant der Katastrophe zugeordnet.

Traps bringt es auf den Punkt: „ ...der Abend wäre ohne Henker weniger lustig und ergötzlich.“ [129]

---

127) Diese Motiv lässt den I. Akt der „Physiker“ denken. Möbius steigt dort in einen umgedrehten Tisch, um das Lied vom König Salomon zu krächzen.
(vgl. GW 2/S. 162 f.)

128) GW 5/S. 325

129) GW 5/S. 295

Es würde wohl auch am erlesenen Rebensafte fehlen, denn im Hauptberuf ist Pilet der Ochsenwirt aus dem Nachbardorf und als solcher ein Weinkenner von hohen Graden.

Vom Habitus her erscheint der ehemalige Henker als wohlsituierter Kleinbürger, dick, glatzköpfig, überkorrekt hergerichtet mit weißer Nelke am Knopfloch und schwarzgefärbtem Schnurrbart. Sein Dialekt ist fürchterlich. Das führt freilich kaum zu Peinlichkeiten, denn seine Äußerungen bleiben spärlich. Gelegentlich blitzt Satirisches auf. Von Traps auf sein früheres Henkeramt angesprochen, versichert der sich verlegen windende Mann, er gedenke, sich Mühe zu geben....Der makabre Doppelsinn enthüllt sich spontan.

Pilet pflegt viel und pedantisch zu speisen. Unter dem wohltuenden Einfluss des Spieles hat sich seine üble Diabetes gebessert. In heißen Phasen der Ereignisse neigt er dazu, die Contenance zu verlieren. Dann kommt es zu Jodelversuchen oder er wirft seine weiße Nelke in die Luft. Auch sein Alkoholkonsum ist beträchtlich. So schläft er auf dem mühsamen Wege nach Traps Nachtdomizil schlichtweg ein – der Henker ist eben pensioniert.

Bei näherem Hinsehen erweisen sich die vier alten Herren als reduzierte literarische Charaktere, die nach einer Art Baukastensystem höchst ökonomisch zusammengesetzt worden sind. Das Rabenhafte erscheint als der größte gemeinsame Nenner. Sie sind allesamt verwitwet und pensioniert. Das erspart von vornherein jegliche Umfeld- erörterungen.

Welche Zutaten der Charakterisierung Dürrenmatt absichtsvoll vordergründig seinen Figuren zuordnet, lässt eine tabellarische Auflistung wesentlicher Merkmale deutlich werden.

Beruf	**Alter**	**Gestalt**	**Gebrechen**	**Sehhilfen**	**Kopfbehaarung**	**Spielbeitrag**
Staatsanwalt	86	hager	Altersschwäche	Monokel	weiße Löwenmähne	Idee
Verteidiger	82	unförmig dick	Hypertonie	Zwicker	normal	Geld
Richter	87	zierlich	Magenkrebsverdacht	Brille	spärlich	Haus
Henker	77	dick	Diabetes	keine	Glatze	Weine

Weitergehende Differenzierungen bleiben im Wesentlichen auf die Rollenverteilung im juristischen Spiel bezogen. Sie realisieren sich über die verschiedenen Stationen des Prozesses: Beweiserhebung, Plädoyers und Urteilsbegründung. Der Henker verharrt folgerichtig im Schweigen.

Alles in allem trifft ein bekanntes Wort Werner Oberles wohl auch auf diese vier erfundenen Pensionäre zu: „Das Groteske ist bei Dürrenmatt nicht Zutätchen, sondern Ausdruck seiner Weltauffassung." [130] Wie Archäologen dem Ort ihrer Ausgrabungen, nähern sie sich nach eigenem Bekunden dem Vorleben ihres Gastes Alfredo Traps.

Bei dieser Figur kann nicht die Rede sein von reduzierter Charaktergestaltung. Das soziale Umfeld wird im Gegenteil hell ausgeleuchtet bis hinein in die Verästelungen der Denkgewohnheiten und Handlungsmotive. Die Prozessfiktion schafft dafür den glaubhaften Ansatz. Und es gehört wohl auch zu den Intentionen Dürrenmatts das Gegenübertreten von Institution und Individuum , wie es „Rechtsvorgängen" eigen ist, durch die differenzierte Handhabung charakterisierender Mittel in den Blick zu bringen.

Alfredo Traps, der Ellenbogenmensch, ist einer von denen, die nichts anbrennen lassen – weder erotisch, noch kommerziell. Das kleine Abenteuer unterwegs, die appetitliche Frau des Chefs, ein geplanter Ehebruch im Hotel Touring – man nennt den guterhaltenen Fünfundvierzigjährigen nicht umsonst „Marquis de Casanova" in der Schlaraffia. Seine Ehefrau hat sich längst daran gewöhnen müssen. Pflichtgefühl und Höflichkeit bringt er ihr noch entgegen, mehr nicht. Vier Buben hat sie ihm geboren, den Jüngsten liebt er abgöttisch.

Es war Traps keineswegs an der Wiege gesungen. dass er eines Tages Studebaker fahren und Zinsen von einem wohlgefüllten Bankkonto schöpfen würde. Sein Vater war Fabrikarbeiter mit einer fatalen Neigung zu den Ideen von Karl Marx und Friedrich Engels, die Mutter Wäscherin. So vermochte er lediglich die Primarschule zu absolvieren, und trotz selbstbewusster Weltgewandtheit ist leicht zu merken, dass seine Manieren angelernt sind. Traps tiefsitzendes Misstrauen gegen die „Studierten" ver-

130) Reinhold Grimm, Hg.) Der unbequeme Dürrenmatt; darin Werner Oberle, Grundsätzliches zum Werk Friedrich Dürrenmatts, S. 16

wundert nicht. Von Kunst versteht er nichts, und literarisch gehen seine Ansprüche über „Reader's Digest“ kaum hinaus.

Es spricht freilich für ihn, dass er sich das selber eingesteht , auch wenn eine handliche Ausrede sofort parat ist: der Geschäftskampf zehrt seine Kräfte auf.

Im Laufe eines Jahrzehnts ist er aufgestiegen vom simplen Hausierer zum Generalvertreter für den Kunststoff „Hephaiston“ in Europa, Spanien und den Balkan ausgenommen.

Das ist natürlich nicht abgegangen, ohne auszuteilen und einzustecken, nicht ohne alle Blessuren. So lautet sein Credo: „Es geht hart zu im Geschäftsleben, wie du mir, so ich dir, wer da ein Gentleman sein will, bitte schön, kommt um. Ich verdiene Geld wie Heu, doch ich schufte auch wie zehn Elefanten, jeden Tag spule ich meine sechshundert Kilometer mit meinem Studebaker herunter. So ganz fair bin ich nicht vorgegangen, als es hieß, dem alten Gygax das Messer an die Kehle zu setzen und zuzustoßen, aber ich musste vorwärtskommen, was will einer, Geschäft ist schließlich Geschäft.“ [131)]

Stolz darauf, kein Mucker und Spießer zu sein, nimmt Traps im Bewusstsein völliger Unschuld an dem gespielten Prozeß teil.

Sein ungebrochenes Selbstwertgefühl hilft wenig später, die Anwesenheit Pilets als zusätzlichen Reiz des Abends zu interpretieren. Zunächst nimmt er den Mordvorwurf als bloßen Witz, doch im Verlaufe des Spiels erwachen Zweifel in ihm. Eine neue Sicht der Dinge schafft plötzlich den Nährboden für Schuldgefühle: „Das Spiel droht in die Wirklichkeit umzukippen. Man fragt sich auf einmal, ob man nun eigentlich ein Verbrecher sei oder nicht ...“ [132)]

Dass ihn „Studierte“ als mitspielenden Mörder für gleichwertig nehmen, rührt ihn zu Tränen. Seinen schönsten Abend vermeint er zu erleben, und es kommt zur Verbrüderung.

Das Plädoyer des Verteidigers, deucht ihm, will die erfahrene Würdigung von seiten des Staatsanwaltes zurücknehmen. Es liegt fast ein tragischer Zug dieser Kleinbürgerfigur im Bekenntnis zu seiner Schuld, an der man nur ja festhalten möge.

---

131) GW 5/S. 288
132) GW 5/S. 296

Wie um den gewonnen Status auf ewig zu befestigen, stirbt Traps von eigener Hand.

Die Geschichte hat, um mit Dürrenmatt zu sprechen. ihre „schlimmstmögliche Wendung genommen“ [133].

Am Leser ist es, sich zu fragen, ob ein kaltblütiger und absichtsvoller Mörder gestorben ist, einer wie Gastmann oder Emmenberger, oder ob einer die Folgen seines Tuns erst unter der Führung der vier Greise recht begreifen lernte und dieser Erkenntnis nicht gewachsen war, einer in der Vorläuferschaft zur Figur des Alfred III.

Nicht nur der Namensanklang [134] weist in diese Richtung, sondern viel mehr noch der gemeinsame thematische Grundbezug „Gerechtigkeit“.

Eine Dissertation sieht das eindeutig: „Traps hat sich nun plötzlich auf zwei Ebenen begeben; einerseits freut er sich als Kleinbürger, dass er sich in gehobener Gesellschaft als Gleichberechtigter findet, andererseits - und das ist wichtiger - sind ihm die Begriffe Schuld und Sühne, Gericht und Gerechtigkeit klargeworden, so klar, dass er am Schluss die notwendige Konsequenz zieht.“ [135]

Heinrich Goertz stuft Traps ein als “Karrieretyp, im übrigen Durchschnittsbürger.“ [136] Ähnlich ist Spychers Ansatz: „Traps ist ein typischer ‚Zeitgenosse‘, der ein ‚Durchschnittsleben‘, eigentlich ein ‚Kleinbürgerleben‘ führt; in einem etwas engeren Sinn ist er ein typischer Geschäftsmann der Epoche der westlichen

---

133) 21 Punkte zu den Physikern: 3) Eine Geschichte ist dann zu Ende gedacht, wenn sie ihre schlimmst-mögliche Wendung genommen hat. 4) Die schlimmst-mögliche Wendung ist nicht voraussehbar. Sie tritt durch Zufall ein. (Komödien, a.a.O., S. 337)

134) Den Familiennamen ‘Traps‘ deutet man im Zusammenhang mit dem berndeutschen Verb ‘trappe‘ = (in etwas hinein) trapsen; eine andere Erklärung richtet sich auf das englische Substantiv trap die Falle (so bei Spycher, a.a.O., S. 235) Bei dem internationalisierenden o an Traps Vornamen mag man auch an Thomas Manns Tonio Kröger denken, den sprichwörtlichen Bürger-Künstler in der deutschon Literatur. Auch in der ‘Panne‘ stoßen Kunst und Leben – die Prozeßfiktion und der Geschäftsalltag – sich hart im Raume. Eine ironische Anspielung kann rein spekulativ immerhin für möglich gelten.

135) Hansueli Beusch, Die Hörspiele Friedrich Dürrenmatts, S. 168

136) Heinrich Goertz, Friedrich Dürrenmatt, S. 58

Hochkonjunktur nach dem Zweiten Weltkrieg, beruflich tüchtig, ehrgeizig, angriffig. in seinen Mitteln nicht eben wählerisch, moralisch etwas unordentlich ,...geistig anspruchslos.“ [137] Am Ende des Stückes verdirbt Traps den Herrenabend durch seinen Freitod: „Für die pensionierten Richter war das Gericht nur Spiel, Kunstgebilde, ihre Rechtsgrundsätze waren Fiktion, mehr Theologie als Jurisdiktion. Indem sich Traps erhängt, erweist er sich (...) als Spielverderber, der das kunstvoll gewobene Werk der Richter zerstört. Für die Genießer der alten Kunst, für die besoffene Horde von Ästheten ist das Selbstgericht von Traps eine ungeheurliche Verwechslung von Kunst und Leben (...) so schauen sie am Ende verzweifelt auf das verdorbene Kunstwerk.“ [138]

Auf eine schreckliche Weise hat sich die eingangs von Traps formulierte Selbsterkenntnis bestätigt, er verstünde nichts von Kunst und könnte sich da leicht blamieren.

Der Vollständigkeit halber sei angemerkt, dass im Hörspiel der Delinquent vom Henker zu Bett gebracht wird, dort seinen Rausch ausschläft und mit blassen Erinnerungen an ein infernalisches Besäufnis ,verkatert aber ungeläutert, seine Reise am nächsten Morgen fortsetzt. Das Fernsehspiel bleibt bei dieser Version. Völlig anders schließt die Bühnenfassung von 1979. Traps ist bereits tot, wenn der Vorhang aufgeht. Im Verlaufe des Spiels wird er wieder lebendig und die Komödie beginnt von vorn, freilich auf einer Handlungsebene, die mit dem ursprünglichen Geschehen nichts mehr zu tun hat. Am Schluss hängt er dann tot am Kronleuchter.

---

137) Peter Spycher, Friedrich Dürrenmatt. Das erzählerische Werk, S. 235
138) Jan Knopf, Friedrich Dürrenmatt. Autorenbücher 3, S. 62 f.

„Mythos der Universalpanne“: Ansätze zur Interpretation

Die Lektüre von **Kriminalprosa** sei „im wahrsten Wortsinne Zeitvertreib. Die Zeit ist wie untergegangen in einem trüben, flüssigen Strom der Gefühle, und das Gehirn ist eine Art tabula rasa“ liest man im Feuilleton einer namhaften deutschen Tageszeitung. [139)]

Diese Verallgemeinerung wäre auch dann schon unzulässig, wenn ausschließlich Dürrenmatts „Panne“ zum Gegenbeweis herhalten müsste. Dass die Erzählung zur Kriminalprosa zählt, leidet keinen Zweifel: ein Verbrechen wird entdeckt und untersucht, der Täter bestraft. Dass sie obendrein ein hervorragendes Stück neuzeitlicher Erzählkunst verkörpert, wird seit ihrem Erscheinen von profunden Sachkennern immer wieder bekräftigt.

In einem Aufsatz aus dem Jahre 1983 nennt Reich-Ranicki als „Antworten auf die Welt nach 1945“ den ‚Besuch der alten Dame‘, ‚Die Pysiker‘ und „schließlich die von der deutschen Kritik gänzlich unterschätzte Parabel von der Schuld des Individuums, die Erzählung ‚Die Panne‘ (1956).“ [140)]

Rechtzeitig zur Frankfurter Buchmesse 1989 legt Diogenes Zürich Dürrenmatts neuen Roman ‚Durcheinandertal‘ vor. Schreckliche Verrisse prasseln darauf nieder. So auch in einer Sendung des ZDF von der Buchmesse. Reich-Ranicki präsidiert boshaftgeschliffen einer vierköpfigen Kritikerrunde mit Helmut Karasek, Sigrid Löffler und Klara Obermüller. Totalkritik ist angesagt. Schon die ‚Physiker‘ hätten gezeigt, dass Dürrenmatt vor allem „ein guter Kabarettist“ (Obermüller) wäre. Die ‚Panne‘ wird ausdrücklich ausgenommen als „eine der besten Erzählungen nach 45, eine grandiose Erzählung“ (Reich-Ranicki). [141)]

Ost und West scheinen sich in dieser Bewertung einig. Von dem Schriftsteller und DDR-Verbandsfunktionär Hermann Kant stammt die Wertung: „Und was nun gar ‚Die Panne‘ angeht, so dürfte es wohl schwerfallen, in diesem Genre eine gleichwertige Geschichte zu finden, eine Erzählung, die auf so unterhaltsame

---

139) Keonardo Sciascia in der Frankfurter Algemeinen Zeitung, 19. 8. 89
140) Marcel Reich-Ranicki. Deutsche Literatur in Ost und West, S. 172
141) ZDF, Aspekte extra, 12. 10. 89

Art so tief hineinleuchtet in die Abgründe der bürgerlichen Rechtsordnung. 'Die Panne' ist eine geniale Karikatur, weit mehr als eine Kriminalgeschichte, aber auch als solche kaum übertroffen, gespenstisch, haarsträubend und doch mitten in der Wahrheit." [142)]

Im einleitenden Essayteil (Erster Teil) der Erzählung sinnt Dürrenmatt der Frage nach, ob es noch mögliche Geschichten für Schriftsteller gibt angesichts der Schreibvoraussetzungen, welche die moderne Zeit bietet.

Seine Überlegungen münden in der Erkenntnis, man lebe in einer Welt der Pannen. Diese wird geprägt von Illustriertentatsachen, Billigkunst und wohlfeilen Intimitäten in literarischer Form. Hinzu treten Pannen der Wissenschaft und Technik – Tschernobyl wird rund drei Jahrzehnte später ihr schreckliches Symbol sein. Dennoch sieht auch der Zivilisationsliterat Dürrenmatt „noch einige mögliche Geschichten" sich ergeben: wenn zum Beispiel das Dutzendgesicht eines Alfredo Traps zum Menschheitsantlitz sich wandelt, das Zufallspech einer Autopanne allgemeine Bedeutung erlangt, Gericht, Gerechtigkeit und Gnade vom Monokel eines betrunkenen Staatsanwaltes widergespiegelt werden. [143)]

Zwar sagt es der Dichter allgemeiner, aber die Richtung seiner Anspielungen ergibt sich aus dem Kontext, dem ‚Zweiten Teil'.

Spycher konstatiert in diesem Zusammenhang: „Jedenfalls macht der erste Teil klar, dass bei Dürrenmatt der Ausdruck ‚eine noch mögliche Geschichte' nicht auf die Schwierigkeit der heutigen Schriftsteller mit dem Erzählen anspielt , sondern auf die Kopflosigkeit der heutigen Epoche." [144)]

Wie beispielsweise der ‚Besuch der alten Dame' [145)] lebt auch ‚Die Panne' aus einem **poetischen Grundeinfall** – dem gespielten Prozess, bei dem das Verhältnis zwischen Ernst und Unernst permanent in der Schwebe bleibt.

So spielt da eigentlich der Erzähler: mit Figuren, Symbolen, Motiven, Stimmungen und Stilmitteln. Er steht deutlich über den Ge-

---

142) Hermann Kant (Hg.) Friedrich Dürrenmatt. Der Richter und sein Henker. Die Panne. Nachwort S. 242

143) vgl. GW 5/S. 271

144) Peter Spycher, Friedrich Dürrenmatt. Das erzählerische Werk, S. 256

145) vgl. Thomas Berger, Der Besuch der alten Dame. Interpretationen und Materialien, S. 28 f.

schehnissen. Allwissenheit und kommentierende Distanz kennzeichnen die Erzählhaltung. Die indirekte Rede herrscht vor. Das ökonomische Ineinandergreifen der Handlungselemente - Festmahl, Prozessverlauf, Naturvorgänge, Außenereignisse - zeigt strenge kompositorische Disziplin. Und auch darin bleibt sich Dürrenmatt treu; er vermeidet die fertige Rezeptur. Ob Mord als Kunst oder künstlicher Mord – das wird gleichsam zur Publikumsfrage, die der Beantwortung durch den geneigten Leser bedarf.

„Dürrenmatt entwirft ein Gegenmodell zur Detektivgeschichte:

aus einem Zufall wird ein Fall konstruiert, unzusammenhängende Begebenheiten werden in kausale Zusammenhänge gebracht, die in der (fiktiven) Realität gar nicht gegeben sind, im Konstrukt der Verhandlung aber eine stimmige, runde, in sich geschlossene Sache ausmachen.

Betont wird, dass Traps Durchschnittsmensch ist, dass er ‚ein Beispiel für viele' sei, die bewusstlos leben, als Opfer der Epoche, zum Mord, ja zur Planung eines Mordes unfähig." [146)]

Eine **Panne** seines Studebakers hält Traps im Dorf fest. Weitere Pannen folgen. Alle Gasthofzimmer sind besetzt von konferierenden Kleinviehzüchtern. Die kostenlose Quartiergewährung im Hause des Richters scheint ihn zur Teilnahme am Herrenabend zu verpflichten.

Eine Panne lähmt gleichsam auch sein inneres Vorwarnsystem. Mögen sich warnende Zeichen häufen - die Buchtitel, das Rabenhafte an seinen Gastgebern, das Gerichtsspiel mit seiner Angeklagtenrolle, die Todesstrafe im Spiel, die Ermahnungen des Verteidigers, der Henker und andere mehr – Traps bleibt zutiefst ahnungslos.

Dabei vollziehen sich alle diese Pannen keineswegs zwanghaft. Die Weiterreise wäre ebenso möglich gewesen wie eine Weigerung, an dem Spiel teilzunehmen. Selbst während des Spieles hätte sich der Gast unter irgendeinem Vorwand zurückziehen können.

Offenbar lindert es nicht nur die Altersleiden der Pensionäre, sondern übt auch eine geheimnisvolle, fast märchenhaft anmutende Faszination aus auf kleine und arriviertere Geschäftsleute, Politi-

---

146) Jan Knopf, Friedrich Dürrenmatt. Autorenbücher 3, S. 60 f.

ker und sogar Militärs. Von daher gerät es zur Chiffre für ein zeitgenössisches Phänomen: die Utopie einer reinen Gerechtigkeit in der westlichen Konjunkturgesellschaft.

Traps Entwicklung gewinnt vor diesem Hintergrund didaktische Züge beispielhafter Verallgemeinerung. Bezeichnenderweise erklärt der Staatsanwalt seine intuitive Kenntnis von vergangenen Ereignissen mit den Worten: „Übung ....Die Schicksale spielen sich alle gleich ab.“ 147) Der Angeklagte ist sich zunächst „keiner Übeltat bewusst, die ihn mit dem Gesetz in Konflikt gebracht“ 148) hätte, findet dann mit der Hilfe des Gerichts zu beginnender Schuldeinsicht, um endlich in der vorbehaltlos angenommenen Wahrheit seiner Täterschaft eine Art „Neugeburt“ 149) zu erleben.

Die Mechanismen, welche diese Entwicklung initiieren, sind die **Plädoyers** von Staatsanwalt und Verteidiger sowie des Richters Urteilsbegründung.

Ihrem Aufbau nach könnte die Anklagerede des Staatsanwaltes wohl auch im Gerichtssaal bestehen: Anklage, Ausgangsthese, Beweiswürdigung, soziale Einordnung des Angeklagten, Einfühlung in die Täterpersönlichkeit, Tathergang, juristische Einordnung, das geforderte Strafmaß – es ist alles da, was der geübte Prozesszuhörer erwarten mag.

Der Redeinhalt freilich setzt distanzierende Akzente. Die Entdeckung eines Mordes gerät hier zum freudigen Ereignis, der Mörder selbst zum Freund des Anklägers. „Verbrüderung hüben und drüben“ 150) feiert der Staatsanwalt und damit die Loslösung von der offiziellen Rechtsprechung vergangener Berufsjahre.

Die Tat erfährt eine Würdigung, die sie im Bewusstsein des Mörders „aufblühen lässt“. 151) Der Strafantrag, zielend auf den böswilligen Vorsatz, konstatiert einen psychologischen Mord. Dessen einzig angemessene Honorierung kann die Todesstrafe sein, handelt es sich doch um ein „Verbrechen, das Bewunderung, Staunen, Respekt verdiene und ein Anrecht darauf habe, als eines der außerordentlichsten des Jahrhunderts zu gelten.“ 152)

147) GW 5/S. 312
148) GW 5/S. 282
149) GW 5/S. 321
150) GW 5/S. 303
151) GW 5/S. 304
152) GW 5/S. 316

Der Verteidiger setzt dagegen ein Plädoyer, das den zum genialen Mörder hochstilisierten Textilreisenden wieder auf den bürgerlichen Normalgauner – soll sagen, den Durchschnittsmenschen der westlichen Konjunkturgesellschaft – zurückstutzen will. Auch diese wendet sich in ihrem Schlussteil gegen die Annahme der Schuld durch den Angeklagten, die als zusätzliche Panne des Geistes gewertet wird. Begehren des Freispruchs wegen erwiesener Tatunfähigkeit – darauf läuft es hier hinaus.

Des Verteidigers Rede steht der offiziellen Justiz sichtlich näher als die des Staatsanwaltes.

Der Richter liefert, abweichend vom üblichen Verfahren, die Urteilsbegründung im voraus. Sie macht sich keinen der beiden vorgetragenen Standpunkte vollkommen zu eigen.

Der Angeklagte habe nicht, wie vom Staatsanwalt behauptet, mit teuflischem Vorsatz gemordet, aber eben doch gemordet, indem er sich die Gedankenlosigkeit einer Welt zunutze gemacht hat, der Rücksichtslosigkeit als normal gilt.

Die offizielle Justiz würde ihn ungeschoren lassen. Hier aber wird er allein auf Grund seiner Schuldanerkenntnis mit einem unbedingten Todesurteil belohnt als ein Meisterspieler.

Die Justizferne hat gegenüber dem Verteidiger wieder deutlich zugenommen. Allerdings erreicht sie nicht die philosophische Dimension der Darlegungen des Staatsanwaltes, sondern verharrt im Technischen: die Urteilsbegründung vor der Verkündung, eine unbedingte Todesstrafe, wo nur eine bedingte zulässig wäre, die unzulängliche rhetorische Qualität des Vortrages.

Eine absichtsvolle Widerspiegelung jener Aspekte der Würdigung des gelungenen Mordes scheint vorzuliegen, die an anderer Stelle als philosophische beziehungsweise technisch-virtuose Qualität gekennzeichnet sind.

Erst gegen Ende seiner Ausführung gelangt der Richter in die Nähe philosophischer Erwägungen, wenn er unterstreicht, Menschenwürde und Gnade vertrügen einander nicht.

Spycher wertet in diesem Zusammenhang: „Es geht, wie wir sehen, in diesem Prozess nicht so sehr um eine pauschale Kritik an der staatlichen Justiz als vielmehr um die Idee der reinen Gerechtigkeit, in deren Licht sich der Mensch stolz zu seiner Schuld und ihrer Sühne bekennt. Zu bedenken ist dabei, dass die Idee der Reue und der tätigen Wiedergutmachung außer acht bleibt; noch spät im Prozess spricht Traps vom ‚verdienten Infarkt' des ‚Obergangsters' Gygax. Und auch die Idee der Gnade wird abgelehnt."[153]

Bei erklärter Bezugnahme auf die **Befindlichkeit der Zeit** fällt auf, dass Dürrenmatt die Pensionäre in seiner Erzählung zwar einerseits über Jesus von Nazareth und Friedrich den Großen rechten lässt, andererseits aber die spektakulärsten ‚Rechts'-Ereignisse der Epoche ignoriert werden: die stalinistischen Schauprozesse im Ostblock. Dürrenmatt selbst hat bei Gelegenheit einen solchen zeitgenössischen Bezug hergestellt, wie auch Spycher erwähnt: „„Etwas merkwürdig ist hingegen die Parallele, die Dürrenmatt zwischen der ‚Panne' und den modernen politischen Schauprozessen zieht (...) Man könnte einwenden, das Gericht in der ‚Panne' sei das Gegenteil eines Schauprozesses und Traps Geständnis erfolge aus seiner **persönlichen** Einsicht und Begeisterung."[154]

Eine klare Gegenposition bezieht Jan Knopf: „Wenn Peter Spycher es ‚merkwürdig' findet, dass Dürrenmatt selbst die Parallele zu den politischen Schauprozessen im Ostblock gezogen hat, und meint, die ‚Panne' sei eigentlich mehr das Gegenteil davon, so verweist das auf die Unfähigkeit mit der **künstlerischen** Lösung des Falls fertig zu werden. Die Parallele zum Schauprozess besteht darin, dass in ihm ebenfalls ein sinnvolles, logisch gegründetes Geschehen ausgebreitet und die ‚Schuld' der Angeklagten stringent nachgewiesen wird. Sind die Kriminalromane Requiem auf ihre Gattung, so ist die ‚Panne' in radikalerer Konsequenz ‚Requiem auf das Kunstwerk' auf die traditionelle Ästhetik, die mit einem geschlossenen, in sich stimmigen, sinnvollen, ab-

---

153) Peter Spycher, Friedrich Dürrenmatt. Das erzählerische Werk, S. 245

154) Peter Spycher, a.a.O., S.405 – Hier wird ein Scheinargument verwendet. Alexander Solschenizyn gibt dieser Problematik breiten Raum im „Archipel Gulag", wo es beispielsweise heißt: „Es tönt – die Dutzend Variationen zum gleichen Thema: Wir sind doch alle zusammen Kommunisten! Wie habt ihr euch hinreißen lassen, gegen uns aufzutreten? Bereut! Denn ihr und wir sind zusammen – w i r !" (Der Archipel Gulag, Band 1, S. 398)

gerundeten Gefüge rechnet. Und das ist die ‚noch mögliche Geschichte', wie der Untertitel lautet.“ 155)

Während des Prozesses wird für Traps **Wirklichkeit aus dem Spiel.** Der Augenblick des qualitativen Umschlags bereitet sich über die gesamte Verhandlung allmählich vor. Er ist gekommen mit dem Bekenntnis, Traps fühle sich wie neu geboren - im ordentlichen Verfahren wäre es das letzte Wort des Angeklagten vor der Urteilsverkündung. Den Richterspruch akzeptiert er voll inniger Dankbarkeit. Er hat gleichsam einen Sieg erfochten, auch über sich selbst. Für ihn folgt eine Phase glückhafter Müdigkeit, in der er „wie ein Kind war im Kreise von Großvätern und Onkeln“. 156)

Die Parallele zur Befindlichkeit Alfred Ills nach dem Gespräch mit Claire Zachanassian im Konradsweiler Wald scheint unverkennbar. Wenig später stirbt der Verurteilte aus freien Stücken. In den Bewertungen für dieses Erzählende dominiert der Bezug auf den Titel. Eine „endgültige Panne“ (H. Mayer, W. Weber, H. Bänziger) wird konstatiert, Züge einer „,genialen Karikatur“ (H. Kant) werden erkannt. „Gerechtigkeit hat sich vollzogen“ (P. Spycher) befindet man. In Traps Sterben hört man „fernste Widerhälle“ von „Gott und Teufel“ (E. Brock-Sulzer). Auch die Mitspieler hätten nun „ihre Panne“ zu bewältigen (W. Nordmann). Endlich ist eine „ungeheuerliche Verwechslung von Kunst und Leben“ (J. Knopf) festzustellen.

„Indem die Wirklichkeit selbst sich anschickt, die Züge eines vollkommenen, absolut berechenbaren und sinnvoll abgerundeten Kunstwerks anzunehmen, setzt der Künstler Dürrenmatt dagegen eine Kunst, die bewusst mit dem Unsinn, dem Zufälligen rechnet, um der Wirklichkeit beizukommen und zugleich der alten Poetik der Stimmigkeit, die mit dem vollendeten, in sich abgerundeten Kunstwerk rechnet und es mit der ‚Kunst der Interpretation' erschließt, den Kampf anzusagen.“ 157)

Soviel darf als sicher gelten: Die Erzählung findet in Traps Selbsthenkertum ihren unverwechselbar Dürrenmatt'schen Knalleffekt. Die Exposition der Erzählung ist abgeschlossen in

155) Jan Knopf, Friedrich Dürrenmatt. Autorenbücher 3, S. 62
156) GW 5/S. 324
157) Jan Knopf, a.a.O., S. 63

jenem Augenblick, da Traps von den Herren der Abendgesellschaft als Mitspieler in der Rolle des Angeklagten gewonnen wird.

Betrachtet man den **Aufbau** der ,Panne' und ihre formale Zusammenhaltung, so zeigen sich zwei durchgängig miteinander korrespondierende Aktionen – das festliche Essen und der Prozessverlauf. Sie bilden gewissermaßen das Gerüst des Geschehenden, und dies lässt sich am rationellsten in Form einer Übersicht verdeutlichen:

Speisen- und Getränkerfolge	**Verlauf des Prozesses**
Campari	Warten auf den Beginn der Verhandlung
Porto	Vorgespräch Angeklagter - Verteidiger
Aufschnitt, russische Eier, Schnecken, Schildkrötensuppe (Vorspeisen)	'Nichtschuldig' – Erklärung, des Angeklagten
Fisch; leichter, spritziger Neuchateller (Weißwein)	Vernehmung des Angeklagten: Identität
Beefsteak Tatar	Leumund
Champignons a la Creme	Sozialmilieu
Kalbsnierenbraten, Salat Pichau - Longueville 1933 (Rotwein)	Karriere
(Zigarette)	Verhandlungspause, Vier-Augen-Gespräch zwischen Angeklagtem und Verteidiger
Hähnchen; Chateau Pavie 1921 (Rotwein)	Vernehmung des Angeklagten: Schuldvorwurf
Camembert, Brie, Emmentaler, Gruyere, Tete de Moine, Vacherin, Limburger,	Plädoyer des Staatsanwalts (eingeschoben: Vernehmungsphase zum Nach-

Gorgonzola (Käsesorten); Château Margaux 1914 (Rotwein)	weis der Schuld)
schwarzer Kaffee, Torte Raffignac 1893 (Kognak)	Plädoyer des Verteidigers, Urteilsbegründung und
	Urteil
Champagner	Selbsthinrichtung

Jan Knopf untersucht im Zusammenhang mit der Bühnenfassung der ‚Panne' den dargestellten **Vorgang des Sich-Betrinkens.** Seine Betrachtungen sind für das Verständnis der Erzählfassung gleichermaßen zutreffend: „Der Rotweinrausch führt gemeinhin zu gemütlicher, entspannter Atmosphäre, verbunden mit Anfällen von Müdigkeit und unterbrochen von – je nach Stimmung und Laune – herzlicher Verbrüderungsbereitschaft. Allen Berauschten ist eine gewisse Hartnäckigkeit zu eigen, mit der sie – je mehr die Alkoholmengen steigen – bestimmte Vorstellungen, Meinungen, Urteile einzunehmen und zu verteidigen pflegen. Oft sind die Vorstellungen, Meinungen, Urteile im Laufe des Trinkens (Betrinkens) überhaupt erst entstanden und entsprechen häufig überhaupt nicht denen, die der Betrunkene nüchtern einnähme. Aber scheinbar stellen sie das Resultat - geschieht das Betrinken in einer munteren Runde - vernünftiger und sachlich begründeter Überlegungen bzw. Diskussionen dar. Dürrenmatt, der selbst ein gewaltiger Rotweintrinker ist und einen Keller mit erlesenen Weinen besitzt (Champagner hält er für Sprudel), hat mit ‚Der Panne' sicherlich eines der kenntnisreichsten und zugleich lustigsten Stücke über das Saufen geschrieben. (...) Für den Genießer ist das Besaufen - eine Meinung, die natürlich durchaus nicht von allen geteilt wird - eine Kunst, die auch dann, wenn sie in Bewusstlosigkeit oder mit Einschlafen endet, nie vergisst, dass sie zur Erheiterung und zur fröhlichen Geselligkeit veranstaltet worden ist: eine heitere Kunst."[158)]

Neben dem Phänomen des Rausches artikuliert sich die Psychologie der Erzählung auch in ungewöhnlicher atmosphärischer

158) Jan Knopf, Der Dramatiker Friedrich Dürrenmatt, S. 174

Dichte. Diese lebt aus einer **Fülle von Symbolen,** Bildern, Gleichnissen und Leitmotiven. Eigentlich alles in der ,Panne' trägt mehr oder weniger verborgen einen zweiten Sinn hinter dem etikettierten, stellt Bezüge her, denen interpretatorischer Eifer nachfragen möchte.

Einige ausgewählte Beispiele sollen dies belegen im Verein mit solchen, die an anderer Stelle bereits in Rede gestanden haben .

Im Wechsel der **Automarken** ,Citrön' und ,Studebaker' zeigt sich nicht nur vordergründig Traps Aufstieg vom gewöhnlichen Reisenden zum Hephaiston - Generalvertreter. Angespielt wird damit auch auf die fortschreitende Amerikanisierung des europäischen Geschäftslebens nach dem zweiten Weltkrieg mit wachsender Hemdärmligkeit und Rücksichtslosigkeit, wofür der amerikanische Straßenkreuzer als Statussymbol steht. Nicht von ungefähr nimmt Traps an einer damit offenbar korrespondierenden Stelle des Verhörs plötzlich den Jargon amerikanischer Gangsterfilme an: „Auf die Seite geschafft musste er werden' . . . das Messer an die Kehle zu setzen und zuzustoßen' . . . Geschäft ist schließlich Geschäft." [159]

Der **Kunststoff ,Hephaiston'** leitet seinen Namen von dem griechischen Gott des Feuers und der Schmiedekunst Hephaistos her. Als einzige Gottheit der griechischen Antike wird er arbeitend dargestellt in seiner Werkstatt. Zeus beauftragt den Emsigen, die reizvolle Pandora zu erschaffen, welche dann als ,schönes Übel' zu den Menschen geschickt wird, um über sie zur Strafe für den von Prometheus begangenen Feuerraub alle in ihrem Fass - der sprichwörtlichen ,Büchse' – enthaltenen Übel zu bringen. Arbeit schafft Begehrenswertes, Begehrlichkeit führt ins Unglück. Es scheint fast mit den Händen zu greifen, dass hier eine kritische Sinnparallele beabsichtigt ist zum ,American way of life', der in seiner unseligen Verquickung von Schöpferkraft und Akkumulationsgier der Menschheit übel zu bekommen scheint, in den unterschiedlichen Gebrauchswerten des Kunststoffes symbolisiert sich moralisch Widersprüchliches: Hephaiston dient Rheumatikern , schönen Frauen und auch dem Kriegshandwerk.

159) GW 5/S. 288

Die Sonne steht nachmittäglich hoch, als die Autopanne eintritt. Damit klingt das zentrale **Motiv des Lichtes** auf, das die gesamte Erzählung durchwebt.

Vom Zimmerfenster aus erlebt Traps den beginnenden Sonnenuntergang. Im Abendlicht betritt er das Speisezimmer an der Seite seines Verteidigers. Als er seine Nichtschuld zu Prozessbeginn beteuert, leuchten die Schmisse des Staatsanwaltes rot auf. Während er sein Leben erzählt, herrscht die letzte Helligkeit nach dem Sonnenuntergang.

Als die Dämmerung anbricht, sind erste Sterne zu ahnen .Schwere Leuchter werden angezündet. Man hat soeben von Gygax Sterben gehört.

Das Licht aus dem Speisezimmer zeichnet goldene Lichtbänder auf den Rasen im Garten, wohin sich Traps und der Verteidiger begeben haben. Als hier die wahre Rolle Pilets zur Sprache kommt, wird im Scheinwerferlicht vorbeifahrender Autos für einen Augenblick die groteske Erscheinung des Advokaten sichtbar. Beim Rückweg ins Haus fühlt sich Traps vom Licht der Fenster geblendet. Der Verteidiger wird grell beschienen, als er Traps zu einem Geständnis veranlassen will.

Nachdem sich Traps böswilliger Vorsatz bei der Tat zu bestätigen scheint, löscht der Richter alle Kerzen bis auf eine für seine Schattenspiele nötige. Vor seinem Plädoyer fordert der Staatsanwalt neue Kerzen.

Traps wachsende Schuldeinsicht führt zu der Feststellung, dass ihm ein „Lichtchen aufgeht“.[160] Man will, dass es taghell werde. Zum Bilde, das der Staatsanwalt von den Vorgängen malt, gehören goldene Straßenlaternen, erleuchtete Schaufenster und Kinos, grüne und gelbe Leuchtreklamen, die Heilsarmee mit dem Lied „Lasst den Sonnenschein herein“.

Schwebende Lichter und Scheinwerfer von Autos lassen beim Blick durch das offene Fenster die nächtliche Landstraße erahnen. Der Mond geht auf als schmale Sichel, nachdem die Todesstrafe gefordert worden ist.

---

160) GW 5/S. 311

„... wie eine ungeheure, unbegreifliche Sonne“ [161] steigt in Traps danach eine Ahnung vom Wesen der Justiz auf. Man habe in Traps Welt hineingeleuchtet mit dem reinen Strahl der Gerechtigkeit und erst in der Vollendung ihres Kunstwerkes, dem Urteil, leuchte die menschliche Tragödie auf, betont der Richter.

Beim Champagner sind die Kerzen niedergebrannt. Vor den Fenstern ahnt man den Morgen. Die Sterne verblassen vor dem noch fernen Sonnenaufgang. Den Weg zu seinem Zimmer erhellt Traps eine steinerne Morgendämmerung. Er erinnert sich dabei des endlosen, leuchtenden Himmels über der Landschaft am Vortage.

In der Frühhelligkeit will man ihm das Erinnerungsdokument ans Bett bringen, doch als dunkle Silhouette hängt der Leichnam „vor dem stumpfen Silber des Himmels “ [162]

Andere Motivverbindungen greifen kürzer. So betont das sonderbar anmutende Benehmen der vier Greise mit fortschreitender Verhandlung den grotesk-schrulligen Charakter der hier praktizierten Gerechtigkeit. Inmitten von markant unterstrichenem Schweizer Gutbürgerlichsein – die Einrichtung des Speisezimmers sagt alles darüber – eskaliert es allmählich zur schieren Verrücktheit.

Der elitär-gesellschaftsferne Charakter der gespielten Gerechtigkeit wird unterstrichen durch das Einfunktionieren von gelegentlichen Botschaften ferner Geselligkeit, etwa wenn das Dorf im Abendfrieden liegt, patriotische Gesänge herüberklingen oder zu mitternächtlicher Stunde die Kleintierzüchter Besinnliches zu Gehör bringen.

Gelegentlich kommt es satirisch daher. So verlangen die begehrlichen Altvorderen möglichst schlüpfrige Weibergeschichten zu hören, und Traps berichtet gleich darauf von seiner früh verblühten Mutter, der Wäscherin.

Dürrenmattsche Selbstironie kommt zum Tragen. Beim Geschlechtsverkehr mit Frau Gygax hat Traps das Bild ihres Mannes im Blick: „ dieses unsympathische, dicke Gesicht mit der Hornbrille vor den glotzenden Augen “ [163]

---

161) GW 5/S. 318
162) GW 5/S. 326
163) GW 5/S. 315

Als der Staatsanwalt dem toten Traps gegenübertritt, hat er noch die Serviette um den Hals - das makabre Gegenstück zum Werkzeug der Selbsttötung.

Der Rahmen von Mahlzeiten dient in Dürrenmatts Werk mehrfach zum Ordnungsprinzip für das Herstellen oder Einfordern von Gerechtigkeit. Entsprechungen finden sich in Gestalt der grotesken Abschlussszene des ersten Bärlach-Romans, im Ehrenschmaus der Güllener für Claire Zachanassian, und auch Einstein nennt die gemeinsame Tafel der ‚Physiker' wörtlich „Die reinste Henkersmahlzeit". [164)]

Einige abschließende Bemerkungen gelten der **Sprachhal**tung. An anderer Stelle ist schon auf die starke Präsenz der indirekten Rede aufmerksam gemacht worden. Daneben fallen Passagen auf, die in einem bewussten Stakkato-Stil gehalten, fast den Charakter von Spielanweisungen für die Bühne annehmen.

Intensiv empfundene Naturstimmungen, funktional eingebunden in den Geschehens- ablauf, bilden gleichsam kleine Inseln sprachlicher Beruhigung.

Dürrenmatts Bildkraft ist allenthalben zu spüren – man denke an den Vergleich der Greise mit ungeheueren Raben . Seine adjektivischen Attribute werden gelegentlich mit einer gewissen dreisten Derbheit eingesetzt. So sieht sich der Verteidiger mit folgenden Merkmalen ausgestattet: verlottert, unermesslich, wie aus speckigen Wülsten zusammengesetzt, mit gewaltiger Säufernase und jovialen Glotzaugen.

Dürrenmatts syntaktische Strukturen bleiben übersichtlich, sind glatt lesbar und von starker rhythmischer Ausprägung gekennzeichnet.

Traps Sprache passt haargenau zum definierten Bildungsgrad und seiner beruflichen Eingebundenheit. Der Staatsanwalt zeigt eher eine barocke, teilweise ausschweifende Redeweise von erheblicher Suggestivkraft. Sie verrät den Rede-Profi. Des Verteidigers Sprache weist Züge altmodisch-anbiedernder Standesrhetorik auf: „Wohlan denn, lieber Freund, weder geziert, noch gezaudert." [165)] Des Richters Urteilsbegründung ergeht ausschließlich in indirekter Rede.

164) GW 2/S. 188
165) GW 2/S. 296

Die Sekundärliteratur kennt Werner Webers harsches Urteil, in sprachlicher Hinsicht wäre die Erzählung keine mögliche Geschichte mehr. Er formuliert es in seiner Arbeit ‚Dürrenmatts Panne', belegt mit sechs vorkommenden Schnitzern. [166)]

Wir erwähnen dies nur, weil es als Beckmesserei interessant erscheint.

Über das sehr viel später als die Erzählung entstandene Bühnenstück ‚Die Panne' sagt Georg Hensel: „.... das von den Bühnen noch immer nicht richtig entdeckte Stück, dieser **Mythos der Universalpanne,** ist sieben Jahre alt. In ihm gibt es Situationen und Sätze. die vielleicht erst heute (1988, d. Verf.) ganz verstanden werden. So sagt der Richter: ‚In einer Welt der schuldigen Schuldlosen und der schuldlosen Schuldigen hat das Schicksal die Bühne verlassen, und an seine Stelle ist der Zufall getreten, die Panne. Das Zeitalter der Notwendigkeit machte dem Zeitalter der Katastrophe Platz: undichte Virenkulturen, gigantische Fehlspekulationen, explodierende Chemieanlagen, unermeßliche Schiebungen , durchschmelzende Atomreaktoren , zerberstende Öltanks, zusammenkrachende Jumbo-Jets, Stromausfälle in Riesenstädten, Hekatomben von Unfalltoten in zerquetschten Karosserien. In dieses Universum bist zu geraten." [167)]

Unverkennbar ist hier die Welt gemeint, in die wir alle geraten sind. Mehrere Jahrzehnte nachdem die Erzählung geschrieben worden ist, haben wir eine Utopie der reinen Gerechtigkeit nötiger denn je.

Ganz sicher: ‚Die Panne' ist eine mögliche Geschichte.

---

166) vgl. Spycher, a.a.O., S. 259 sowie ‚Die Panne. Erster Teil', GW 5/S. 271

167) Gesammelte Werke. Begleitheft; darin: Lobrede auf Friedrich Dürrenmatt, S. 29

Quellen

Primärliteratur

Dürrenmatt, Friedrich
- Die Panne. Der Richter und sein Henker
  Herausgeber:Hermann Kant
  Berlin 1964
- Komödien Herausgeber: Armin-Gerd Kuckhoff Berlin 1965
- Theater-Schriften und Reden
  Herausgeber: Elisabeth Brock-Sulzer
  Zürich 1966
- Das Versprechen
  München [12)] 1988
- Gesammelte Werke in sieben Bände
  Herausgeber: Franz Josef Görtz
  Zürich 1988

Sekundärliteratur mit Werkbezug

Arnold, Armin
Friedrich Dürrenmatt
Berlin 1969

Bänziger, Hans
Frisch und Dürrenmatt
(5) 1967

Berger, Thomas
- Friedrich Dürrenmatt
  Die Physiker (AR)
  Hollfeld 1988
- Friedrich Dürrenmatt
  Der Besuch der alten Dame (AR)
  Hollfeld 1988

Beusch,Hansueli
Die Hörspiele Friedrich Dürrenmatts (Diss.)
Zürich 1979

Bienek, Horst	Werkstattgespräche mit Schriftstellern München 1962
Brock-Sulzer, Elisabeth	Friedrich Dürrenmatt. Stationen seines Werkes Zürich (4)1973
	Die Welt 17. Februar 1989
	Die Zeit 15. Oktober 1971
	Der Spiegel Nr. 10/1989
Goertz, Heinrich	Friedrich Dürrenmatt mit Selbstzeugnissen und Bilddokumenten. Hamburg 1993 (23.-26. Tsd.)
Grimm, Reinhold (Hg.)	Der unbequeme Dürrenmatt Basel,Stuttgart 1962
Kästler, Reinhard	Friedrich Dürrenmatt. Der Richter und sein Henker.Der Verdacht. Königs Erläuterungen Hollfeld (3) 1996
Keel, Daniel (Hg.)	über Friedrich Dürrenmatt Zürich (4) 1990
Knopf, Jan	– Friedrich Dürrenmatt Autorenbücher 3 München 1977
	– Der Dramatiker Friedrich Dürrenmatt Berlin 1987
Lindner, Theo	Friedrich Dürrenmatt. Das Versprechen. Hollfeld 1996 (Reihe „Blickpunkt“)
Niederer, Uli	Grotesken zum wahren Ende. Neuerlicher Versuch über Dürrenmatts Kriminalromane. In: die horen 34 (1989), S. 61-71

Poppe, Reiner	– Friedrich Dürrenmatt.Der Richter und sein Henker. Bau steine. Unterrichtssequenzen für den Literaturunterricht auf der Sekundarstufe I und II Hollfeld 1985
	– Friedrich Dürrenmatt. Der Richter und sein Henker (AR) Hollfeld 1989
Spycher, Peter	Friedrich Dürrenmatt.Das erzählerische Werk Frauenfeld und Stuttgart 1972
Tantow, Lutz	Friedrich Dürrenmatt. Eine Biographie. München 1992

Texte zu Genre- und Zeitfragen

Beyersdorf,Peter	Zur Geschichte des 3.Reiches (AR) Hollfeld 1974
Finkh, Eckhard (Hg.)	Theorie des Kriminalromans. Arbeitstexte für den Unterricht Stuttgart 1974 Frankfurter Allgemeine Zeitung 19.August 1989
Goette, Jürgen W:	Der Kriminalroman. (Hg.) Texte zu Theorie und Kritik Frankfurt a.M. 1978
Hippe, Robert (Hg.)	Kriminalliteratur. Dichtung in Theorie und Praxis Hollfeld 1980
Koch, Willi A.	Musisches Lexikon Stuttgart 1978
Maser, Werner	Hitlers „Mein Kampf“ München und Esslingen 1966

Mehnert, Klaus — Der deutsche Standort
Stuttgart 1967

Neues Deutschland
– 21./22.März 1987
– 2.Juni 1989

Pfützner, Peter — Thomas Mann .Tonio Kröger. Der Tod in Venedig (AR)
Hollfeld (4) 2001

Reich-Ranicki, Marcel — Deutsche Literatur in Ost und West (Neuausgabe)
München 1985

Speer, Albert — Erinnerungen
Frankfurt a.M. 1969

Spiegel-Spezial „100 Jahre Hitler"
Nr. 2 / 1989

Süddeutsche Zeitung
22./23.April 1989

Toeplitz, Heinrich (Hg.) — SS im Einsatz. Eine Dokumentation über die Verbrechen der SS
Berlin 1957

Tröger, Claus — Wörterbuch der Literaturwissenschaft
Leipzig 1986

Walkhoff-Jordan, Klaus-Dieter — Bibliographie der Kriminalliteratur 1945 – 1984 im deutschen Sprachraum
Frankfurt a.M., Berlin, Wien 1985

Analysen & Reflexionen

Interpretationen und didaktische Anweisungen

AR 36	**Absurdes Theater**
AR 81	**Amphitryon** (Plautus bis Hacks)
AR 71	**Andersch, Alfred:** Sansibar oder Der letzte Grund/Vater eines Mörders/Fahrerflucht/Der Tod des James Dean
AR 76	**Bachmann, Ingeborg:** Gedichte, Hörspiele, Erzählungen
AR 87	**Barock:** Interpretationen zur deutschen Lyrik vom Barock bis zur Klassik
AR 59	**Benn, Gottfried:** Lyrik und Prosa
AR 8	**Böll, Heinrich:** Ansichten eines Clowns
AR 41	**Böll, Heinrich:** Die verlorene Ehre der Katharina Blum oder Wie Gewalt entstehen und wohin sie führen kann
AR 73	**Borchert, Wolfgang:** Draußen vor der Tür und vermischte Schriften
AR 89	**Boyle, Thomas C.:** The Tortilla Curtain
AR 3	**Brecht, Bertolt:** Der gute Mensch von Sezuan/Leben des Galilei
AR 26	**Brecht, Bertolt:** Leben des Galilei
AR 19	**Brecht, Bertolt:** Mutter Courage und ihre Kinder
AR 18	**Büchner, Georg:** Dantons Tod/Lenz/Woyzeck
AR 53	**Camus, Albert:** Das Mißverständnis
AR 12	**Camus, Albert:** Die Pest
AR 88	**Camus, Albert:** Der Fremde
AR 48	**Droste-Hülshoff, Annette von:** Die Judenbuche
AR 67	**Dürrenmatt, Friedrich:** Der Besuch der alten Dame
AR 65	**Dürrenmatt, Friedrich:** Die Physiker
AR 64	**Dürrenmatt, Friedrich:** Der Richter und sein Henker
AR 16	**Dürrenmatt, Friedrich:** Der Verdacht/Der Besuch der alten Dame
AR 70	**Dürrenmatt, Friedrich:** Der Verdacht/Die Panne
AR 54	**Eichendorff, Joseph von:** Aus dem Leben eines Taugenichts
AR 61	**Fontane, Theodor:** Effi Briest
AR 9	**Frisch, Max :** Andorra/Biedermann und die Brandstifter
AR 17	**Frisch, Max:** Homo Faber
AR 15	**Frisch, Max:** Mein Name sei Gantenbein/Montauk/Stiller
AR 62	**Goethe, Joh. Wolfgang v.:** Die Leiden des jungen Werthers
AR 30	**Goethe, Joh. Wolfgang v.:** Faust I. Teil
AR 79	**Goethe, Joh. Wolfgang v.:** Götz von Berlichingen
AR 77	**Goethe, Joh. Wolfgang v.:** Iphigenie auf Tauris
AR 75	**Goethe, Joh. Wolfgang v.:** Torquato Tasso
AR 32	**Hauptmann, Gerhart:** Die Weber

AR 49 **Heine, Heinrich:** Lyrik
AR 24 **Hesse, Hermann:** Der Steppenwolf/Siddhartha
AR 57 **Hoffmann, E. T. A.:** Das Fräulein von Scuderi/Der goldene Topf
AR 25 **Industriereportagen in der Arbeiterliteratur**
AR 42 **Kafka, Franz:** Das Schloß/Der Prozeß/Ein Brief an Max Brod
AR 22 **Kafka, Franz:** Das Urteil/Ein Hungerkünstler/Vor dem Gesetz
AR 33 **Kleist, Heinrich von:** Über das Marionettentheater/Das Käthchen von Heilbronn/Das Erdbeben in Chili/Die Marquise von O
AR 29 **Klepper, Jochen:** Werke
AR 47 **Lessing, Gotth. Ephraim:** Emilia Galotti
AR 10 **Lessing, Gotth. Ephraim:** Nathan der Weise
AR 37 **Mann, Heinrich:** Der Untertan/ Die Abdankung
AR 38 **Mann, Thomas:** Buddenbrooks
AR 60 **Mann, Thomas:** Der kleine Herr Friedemann/Tristan
AR 82 **Mann, Thomas:** Mario und der Zauberer
AR 55 **Mann, Thomas:** Tonio Kröger/Der Tod in Venedig
AR 72 **Orwell, George:** 1984/Farm der Tiere
AR 20 **Plenzdorf, Ulrich:** Die neuen Leiden des jungen W.
AR 83 **Roth, Josef:** Hiob
AR 56 **Saint-Exupery, Antoine de:** Der kleine Prinz
AR 39 **Salinger, Jerome D.:** Der Fänger im Roggen
AR 46 **Schiller, Friedrich:** Don Carlos
AR 44 **Schiller, Friedrich:** Kabale und Liebe
AR 43 **Schiller, Friedrich:** Maria Stuart/Die Schaubühne als moralische Anstalt betrachtet
AR 51 **Schiller, Friedrich:** Die Räuber
AR 5 **Schiller, Friedrich:** Wilhelm Tell
AR 80 **Seghers, Anna:** Das siebte Kreuz
AR 90 **Shakespeare:** Ein Sommernachtstraum
AR 84 **Shakespeare:** Romeo und Julia
AR 69 **Tieck, Ludwig:** Der blonde Eckbert/Der Runenberg/ Die Elfen
AR 86 **Walser:** Ein fliehendes Pferd
AR 50 **Zuckmayer, Carl:** Der Hauptmann von Köpenick
AR 66 **Zweig, Stefan:** Schachnovelle